La Pêche au saumon

COLLECTION ARCANES DIRIGÉE PAR JOËLLE LOSFELD

Titre original : *The All of It*

Ouvrage publié sur les conseils de Lazare Bitoun

Département de Mango littérature
4, rue Caroline, 75858 Paris Cedex 17

ISBN : 2-84412-143-8

Jeanette Haien

La Pêche au saumon

Roman

Traduit de l'anglais par Cyril Veken

ÉDITIONS JOËLLE LOSFELD

Note de l'auteur

En Irlande, lorsqu'une rivière à saumons traverse un domaine privé, le propriétaire y aménage des emplacements qu'on appelle des « parcours ». Ces parcours sont loués à la journée à des pêcheurs qu'on appelle des « cannes ». À chaque canne sont attachés les services d'un aide qu'on appelle un « ghillie » ou « gillie ».

1.

Thomas Dunn ne disait rien que le père Declan ne sût déjà : la rivière, beaucoup trop agitée et trop haute après toutes ces pluies ; les saumons, planqués tout au fond et pas moyen d'en voir un seul ; les moucherons, enragés et en plus, avec la fin de la saison dans deux jours, pas un parcours de libre à part le n° 4, mais qui en voudrait de celui-là ?

« Et puis Frank et Peter sont déjà pris par les Américains qui séjournent au château… Je n'ai plus que Seamus O'Conner à vous proposer comme ghillie, mon père, et il est loin de valoir ce qu'il va vous coûter en plus des vingt livres pour le parcours. Et vous savez ce que ça donne le n° 4 avec les pluies qu'on a en ce moment : les berges sont détrempées et glissantes comme une motte de beurre… Si seulement vous m'aviez prévenu un peu plus tôt, si j'avais pu me douter que vous aviez l'intention de venir pour la journée, j'aurais pu… »

La liaison interurbaine n'était pas fameuse et les litanies de Thomas plutôt décourageantes mais le père

Declan s'obstinait. Il viendrait quand même. « Je sais, Thomas, je sais, hurlait-il dans le téléphone du presbytère, je sais. Mais je prends quand même le n° 4, avec Seamus O'Conner en prime, même s'il ne doit me servir à rien.

– C'est le règlement, mon père, c'est comme ça, un ghillie par canne. Ça ne dépend pas de moi, vous savez bien, c'est le château.

– Je sais. Bon, je serai là à dix heures précises. À demain matin, Thomas.

– Si seulement vous m'aviez prévenu, mon père, reprit Thomas en toussotant. Pas l'ombre d'un poisson…

– Allez, à demain matin dix heures, Thomas.

– Ils ne bougent pas, mon père, rien à faire. L'eau est trop haute, trop de remous, ils ne décollent pas du fond. Ça ne vaut pas le déplacement, la fatigue, l'essence, tous les frais… pas la moindre chance d'en attraper un.

– Je ne t'en voudrai pas, Thomas.

– Alors vous venez quand même, mon père ?

– Oui, Thomas.

– Vous savez bien que ça me fait toujours plaisir de vous voir, mais je ne voudrais pas vous laisser espérer…

– Ne t'en fais pas pour moi, Thomas.

– Si jamais vous changez d'avis avant ce soir, rappelez-moi, je ne vous compterai pas la location du parcours.

– Écoute, Thomas, je ne changerai pas d'avis. Bon, il va falloir que je te laisse maintenant parce que j'ai une messe d'enterrement à onze heures, ce qui me laisse un peu moins d'une heure, alors…

– Bien sûr, mon père.

– Allez, au revoir, Thomas. »

2.

« Si j'étais vous, mon père, étant donné les conditions et tout, je commencerais avec une *Hairy Mary** au lieu de la *Stoat's Tail* que vous êtes en train d'attacher. »

Le père Declan – père Declan de Loughry pour lui donner son nom complet – ne prit même pas la peine de lever les yeux vers le jeune homme ; il se contenta de lui glisser : « Mais tu n'es pas moi, Seamus O'Conner, ne l'oublie pas. Tu as quel âge ?

– J'ai eu dix-huit ans en mai.

– Eh bien moi j'avais onze ans quand j'ai commencé à pêcher le saumon. Ça fait donc cinquante-deux ans que je décide tout seul des mouches qu'il me faut. Si ça t'amuse de savoir mon âge, tu n'as qu'à faire l'addition, mais sache bien que je sais ce que je fais. »

Seamus, qui se souciait comme une gigue de l'expérience de ses aînés, se contenta de hausser les épaules et alluma une cigarette, la quatrième depuis qu'ils avaient

* Conformément à l'usage, le nom des mouches n'est pas traduit. *(N.d.T.)*

quitté le château. Le père Declan se retint de lui faire remarquer qu'il fumait trop ; il savait que Seamus lui répondrait que c'était pour écarter les moucherons qui s'accumulaient en nuages épais sous les frondaisons.

Et en effet Seamus dit : « Thomas m'avait bien prévenu pour les moucherons. Ah, les sales bêtes ! »

Le père Declan saisit l'occasion : « Ils t'ont déjà piqué dans le cou... et, mais dis donc, mon gars, ton oreille, elle saigne... » Puis de sa voix la plus douce : « Tu ferais mieux de t'installer dans la cabane, Seamus, va te mettre à l'abri... Allez, pas de protestation, si j'ai besoin de toi pour l'épuisette je t'appellerai. »

Mais le garçon ne voulait rien savoir : « Thomas m'a dit de rester avec vous.

– Je m'expliquerai avec Thomas s'il le faut. Écoute-moi, fais ce que je te dis. » Impressionné par ce ton péremptoire, Seamus s'éloigna d'un pas lent dans l'herbe et la bruyère, la tête rentrée dans les épaules pour mieux résister à la pluie, laissant derrière lui le sillage de ses bottes de caoutchouc.

La cabane de pierre, refuge cher à des générations de pêcheurs et leurs ghillies, était juste après le coude de la rivière, là-bas, hors de vue, et c'était précisément là que le père Declan voulait Seamus O'Conner pour l'instant, hors de sa vue.

Il regarda sa montre. Dix heures trente-quatre. Il se mit en position, agita sa canne plusieurs fois pour s'assurer que tout était bien en place. Après quoi, tout à son désir de pêcheur, il procéda à son premier lancer de la journée.

3.

Après vingt-cinq lancers – son fil déroulé à fond et ramené jusqu'au bout sans la moindre touche (la rivière aurait aussi bien pu être vide de poissons, se disait-il tout en sachant très bien que ce n'était pas le cas) – il décida de remplacer sa *Stoat's Tail* par une *Silver Doctor*. Si Seamus n'avait pas parlé de *Hairy Mary*, c'est sans doute ce qu'il aurait essayé, mais il ne pouvait quand même pas lui faire ce plaisir à ce garçon : si jamais un saumon venait à mordre à la *Hairy Mary*, il en ferait des gorges chaudes et ça lui tournerait la tête. Son expérience de ce sport se limitait en effet à ce qu'il avait pu en voir (et encore, en spectateur bien peu attentif, de l'avis du père Declan), et aux récits des pêcheurs le soir, après une belle prise, au bar du château. Aucun instinct, aucun sens des mystères de la chose ni des frissons qui vous parcourent la moelle épinière lors de la lente approche d'un saumon aux aguets dans l'obscurité des courants de fond. Aucun sens de la façon dont la patience de l'homme se met à l'unisson de celle de l'animal, aucune notion de ce qu'il faut au pêcheur comme concentration, et comme détermination, trempée dans le même acier que la patience et la ruse du poisson. Ça, Seamus n'en avait aucune idée et rien ni personne ne pourrait jamais le lui faire comprendre.

4.

« Il faut que tu t'expliques, Kevin ! Confesse-toi ! »

Quatre jours à peine que Kevin, malade et sur le point de passer de vie à trépas, en avait fait la révélation au père Declan : lui et Enda, celle qui depuis tant d'années passait pour son épouse, n'étaient en fait pas mariés.

Inquiet pour le salut de l'âme du mourant, le père Declan insista pour les marier sur-le-champ. Mais Kevin se contenta d'agiter faiblement la main : « C'est impossible, mon père. Impossible. Et la raison c'est que…

– Quelle raison, bon sang ? Parle, Kevin ! Confesse-toi !

– Ah, mon père, vous l'avez dit vous-même sous un sermon : il y a des explications qui ne mènent nulle part.

– Essaie. Il le faut. Je t'en prie, Kevin. »

Mais tout l'effort, toute l'énergie venaient du père Declan. Kevin se borna à dire : « Pas maintenant », en détournant les yeux qu'il ramena bientôt sur le père Declan. « J'en ai encore pour un jour ou deux, mon père. Nous avons bien le temps… Mais dites-moi, le vent s'est levé, non ? » et comme le père Declan faisait oui de la tête : « Voudriez-vous avoir la gentillesse de faire rentrer Enda s'il vous plaît ? Elle va prendre mal dehors avec ce temps.

– J'y vais. »

Il fit le tour de la maison, affrontant le froid humide d'un après-midi chargé de nuages lourds. Il appela doucement : « Enda ? »

La réponse vint de derrière la porte de l'étable. « Je suis ici, mon père », puis elle apparut, enveloppée de son châle et, comme il s'approchait d'elle, il vit ses yeux, immenses : « Kevin, il vous a dit ?

– Oui… Et toi Enda, tu ferais bien de ne pas attendre davantage pour te confesser ! » Il fronça les sourcils. « Je me sens mortifié pour vous deux. À quoi avez-vous donc pensé pendant toutes ces années ? » Du regard, Enda faisait le tour de la cour : « Face à Dieu avec votre péché, poursuivit-il d'un ton sévère, à tromper la confiance de vos voisins… »

Elle l'interrompit : « La question ne s'est jamais posée.

– Parce que vous avez veillé à ce qu'elle ne se pose pas, à vous faire passer pour mari et femme, toi et Kevin. Et moi qui suis au service de cette paroisse depuis cinq ans, moi qui pensais avoir votre confiance, eh bien non, pas un mot. Pas plus qu'au père Francis avant moi ou à son prédécesseur. Repens-toi, Enda. »

Il la morigénait et, comme pour seule réponse elle gardait le silence en se raidissant plus encore, il insista durement, se penchant un peu vers elle : « Et pourquoi Kevin refuse-t-il de t'épouser maintenant ?

– Ah… vous avez abordé ça avec lui ? » Elle plissa les yeux.

« Bien sûr, reprit-il sévèrement, c'est mon devoir.

– Je comprends, mon père. » Sa réserve fondait un peu. Elle eut un geste d'apaisement. « Ne prenez donc pas cela autant à cœur, mon père », puis elle continua doucement : « Vous ne savez pas tout…

– C'est ce que vient de me dire Kevin, interrompit-il, l'air sombre.

– Je lui ai juré que je n'en parlerais pas la première. » Elle hésitait, puis : « Vous qui venez de le voir aujourd'hui, qu'en pensez-vous ? Il n'en a plus pour bien longtemps, n'est-ce pas ?

– En effet, Enda. » Il étendit les mains vers elle, dans un geste suppliant : « Dis-lui, je t'en conjure, dis-lui de tout confesser à ma prochaine visite. Il doit savoir qu'il n'y a pas de péché que Dieu ne puisse pardonner. »

Elle eut un mouvement de la tête qui lui fit croire qu'elle allait ajouter quelque chose mais elle lui effleura simplement la manche et se dépêcha de regagner la maison.

5.

Le lendemain, alors que ses forces déclinaient rapidement – il devait mourir quelques minutes plus tard – Kevin articula d'une voix faible : « C'est à moi de vous le dire, mon père. »

Il occupait le côté droit du grand lit, tout au bord, là où son corps avait fini par creuser un étroit sillon dans le matelas. Cette fois encore, Enda était sortie, elle se trouvait du côté de l'étable. Ayant approché sa chaise tout contre le lit, le père Declan posa la main sur le bras du mourant.

« C'est à moi de vous le dire, répéta Kevin, mais c'est difficile, mon père.

– C'est mon rôle de t'entendre, Kevin, et c'est à Dieu dans sa miséricorde qu'il appartient de juger et de pardonner. »

Un râle terrible et profond jaillit alors de la poitrine de Kevin dont le front devint soudain luisant de sueur. Puis il se mit à rouler des yeux hagards tout autour de la pièce.

« Allons, calme-toi, je suis là, Kevin.

– Oui mon père. »

À deux reprises il avala sa salive avec difficulté. « Enda, commença-t-il, je suis inquiet pour Enda, mon père, je crains que vous ne vous mettiez en colère contre elle, vous n'êtes qu'un homme après tout. » Puis à nouveau ce regard éperdu, comme s'il cherchait à fuir.

« Mais, Kevin, tu le sais bien pourtant que je ne ferai jamais de tort à Enda.

– Un homme comme nous tous, pardonnez-moi, mon père, mais c'est ce que vous êtes, malgré votre habit… » Après un nouveau raclement sourd et grave, un spasme lui tordit le corps et alluma dans ses yeux un regard de détresse.

Le père Declan lui demanda : « Veux-tu que j'aille chercher Enda ? »

Pour toute réponse, Kevin agita faiblement la tête, murmurant d'une langue épaisse : « Je vais parler, mais d'abord il faut me jurer… », il y mettait toute l'énergie qui lui restait, « il faut me jurer que vous soutiendrez Enda. *Jurez-le-moi.*

– Je te le jure, Kevin. Et je te répète encore une fois que ce n'est pas à moi qu'il appartient de juger, mais à Dieu ; c'est à Lui qu'il appartient de comprendre et de pardonner.

– *Dieu !* » s'exclama Kevin avec passion. Ses gestes convulsifs donnaient l'impression qu'il essayait de se dresser pour rattraper le mot qui avait jailli violemment de ses lèvres. Ses mains livrèrent un bref combat, comme s'il cherchait à étreindre l'air autour de lui puis, tels deux oiseaux foudroyés en plein vol, elles retombèrent vaincues et immobiles sur sa poitrine haletante. Il ouvrit la bouche, mais pas un mot n'en sortit. L'attaque l'avait à jamais condamné au silence.

Dans la stupeur et le vide qui s'ensuivirent, le père Declan l'appela : « Kevin… Kevin… »

Kevin l'entendait et le lui fit savoir d'un geste de la tête. Mais son visage avait perdu toute expression, et ses yeux, désormais noyés dans le renoncement, avaient perdu tout éclat.

Le père Declan reconnut le répit accordé à certains êtres au moment de leur mort, qui vient écarter d'eux toute souffrance morale et physique. Il approcha ses lèvres du visage de Kevin et lui murmura doucement à l'oreille : « Je vais chercher Enda. »

Il alla jusqu'à la porte de devant, restée ouverte à la lumière de midi et une fois dehors il se hâta de faire le tour de la maison. Dès qu'il fut dans la cour, Enda le vit et accourut près de lui. « Il n'est pas mort, n'est-ce pas ? » murmura-t-elle d'un ton pressant.

Son regard chercha le sien : « Non, pas encore ; mais il vaut mieux que tu viennes nous rejoindre maintenant, Enda, mon petit. »

Elle s'accrocha à sa manche : « Il vous a dit, pour nous ?

– Il a essayé. Il voulait me le dire. Mais il a eu une attaque. »

Puis, avec un geste d'impuissance : « Il faut que tu saches, Enda… l'attaque… il ne peut plus parler.

– Ah », fit-elle dans un souffle, détachant de lui son regard.

« Viens », lui dit-il.

Une fois à l'intérieur, elle s'approcha du lit et s'agenouilla du côté de Kevin. Elle gardait les yeux fixés sur son visage avec une grande intensité, mais – comme si cela avait fait l'objet d'un accord entre eux – elle ne fit pas un geste pour poser la main sur sa main à lui, immobile et ouverte.

Le père Declan dut rassembler toute son énergie pour administrer au mourant les derniers sacrements.

6.

Enda s'était fait pressante : « Vous vous en occupez, mon père ? il faut que l'avis de décès soit publié exactement dans les termes que je vous ai dits, exactement comme celui que Catherine McPhillemy avait fait paraître à la mort de Sorley. »

Le regard du père Declan rencontra les yeux noirs d'Enda. Après avoir laissé échapper son chagrin en une plainte sourde et grave – il y avait à peine quelques minutes que Kevin était figé dans l'immobilité de la mort – elle s'était mise à pleurer doucement, sa plainte évoquait maintenant le murmure du ruisseau qui courait le long de la maison. Puis au bout d'un moment elle cessa de pleurer pour le supplier avec une insistance dont il n'était pas sûr de comprendre l'urgence : « Vous vous en occupez, mon père ? la publication de l'avis de décès... je compte sur vous ? »

Il avait bien protesté : « Tu m'en demandes trop, Enda, à vouloir me faire imprimer un mensonge. C'est aggraver le péché. » Ces reproches – il était de son devoir de les faire – furent bientôt suivis, à cause de l'ombre de culpabilité qui vint assombrir le regard d'Enda, d'un grand élan de compassion qui lui fit dire avec douceur pour tâcher de la raisonner : « Encore un acte dont il va te falloir rendre compte, une faute dont tu vas devoir porter le fardeau... Un avis public comme celui-ci, Enda, il faut que ça dise la vérité. » Il s'appuyait tantôt sur un pied, tantôt sur l'autre, à la recherche d'une contenance car les larmes d'Enda lui faisaient un peu perdre ses moyens. « Or nous le savons l'un et l'autre, Kevin et toi n'étiez pas mariés... » Il était à nouveau repris par son sujet : « Et comme vous n'avez pas voulu me laisser vous marier avant la mort de Kevin...

– Kevin vous l'a dit, il y a une raison à cela, l'interrompit-elle.

– Et voilà qu'il est mort à présent, Dieu ait son âme ! Et il est mort avant d'avoir pu m'expliquer ce que pouvait être cette raison, continua-t-il, si bien que je n'y vois pas plus clair », il la regardait droit dans les yeux.

« Alors c'est à moi qu'il revient de tout vous dire, mon père, lui dit-elle comme si elle était pressée de parler.

– Pas maintenant, Enda. Et pas ici. Je t'entendrai au confessionnal. »

Son regard se fit dur, hostile : « Si je vous donne ma parole, mon père, que notre raison, à Kevin et à moi, de ne pas nous marier... que cette raison, vous la comprendrez dès que je vous l'aurai dite, et si je vous assure que loin d'aggraver le péché, elle *l'explique*... est-ce que vous accepterez alors de faire paraître l'avis de décès ? Vous voyez, si vous ne le faites pas, jamais plus je ne pourrai connaître la paix.

– Enda…

– Je vous en prie, mon père, supplia-t-elle, s'il vous plaît. »

Il détourna les yeux en direction du mort, puis il les ramena sur elle et lui dit, les yeux dans les yeux : « Dieu me pardonne, je vais m'en occuper. »

Son regard s'adoucit. « Et j'accepterai la pénitence que vous jugerez appropriée, mon père, je vous le promets, quelle qu'elle soit. »

Il dit : « Jamais je ne me suis trouvé dans une situation pareille.

– Je comprends bien, mon père, mais tout s'éclaircira pour vous lorsque je vous aurai parlé.

– Bon, il est temps que j'y aille, lui dit-il. Je vais passer voir pour l'enterrement… » Elle l'aida à enfiler son manteau. « Je serai revenu à cinq heures au plus tard… tout ira bien, Enda ?

– Oui, mon père. »

Il prit le chemin creux et s'arrêta à la première maison – celle de Catherine McPhillemy – pour informer celle-ci que ça y était, Kevin était mort. « Je vais tout de suite chez Enda », dit Catherine. Arrivé à Roonatellin, il s'arrêta quatre fois pour faire connaître la nouvelle.

Dans le bureau du journal local, il dit à l'homme affairé derrière ses lunettes à monture d'acier : « Vous voudrez bien veiller à ce que ce texte soit imprimé dans les termes exacts où il est rédigé, s'il vous plaît.

– Bien sûr, mon père. C'est parfaitement lisible. »

Il sortit son portefeuille. Puisqu'il avait accepté d'entrer dans le péché de ce mensonge, il en acquitterait ici-bas le prix de ses propres deniers.

7.

DENNEHY (Roonatellin, comté de Mayo), le 22 septembre 1982. Nous apprenons le décès à l'âge de soixante-trois ans de Kevin, ravi à l'affection de son épouse Enda qui pleure son mari bien-aimé. *Requiescat in pace*. L'enterrement aura lieu vendredi (le 24 septembre) au cimetière de Saint-Fintan après la messe qui sera célébrée à onze heures.

8.

À midi la pluie régulière qui était tombée sans interruption toute la matinée se transforma en une violente averse qui lui fouettait le visage et s'infiltrait à travers le col de son ciré vert, lui inondant le cou. Cela ne l'empêcha pas de continuer à lancer, parfois même sans rien voir, tant l'ondée était dense et serrée.

Il se disait qu'il n'aurait pas dû être là, dans la pluie et le froid, dévoré vivant par les moucherons – pires que tout ce qu'on a pu dire de la haire ou du cilice, ces bestioles – avec en plus la rivière que ses eaux en crue rendaient violente. Il n'aurait pas dû être là, à quoi bon essayer de pêcher quand il n'y a pas moyen de se concentrer. Il pensait avec nostalgie aux belles occasions qu'il avait connues dans sa vie, à ses bonnes fortunes de pêcheur, parfois avec autant de moucherons, ou même avec un temps encore plus mauvais qu'aujourd'hui. Il avait à nouveau le sentiment de se fondre dans la Nature, l'impression de ne faire qu'un avec la terre sous ses pieds. Il revivait ces lancers au-delà de la ligne verte des roseaux étincelants qui marquaient les hauts-fonds près de la rive et c'était lui-même qui se trouvait à chaque fois projeté tout entier en ce point particulier, au beau milieu de la rivière, où un jeu d'ombres très spécial conférait à l'eau une sorte de profondeur et de gravité. Il y avait encore la sensation physique d'être entraîné au fil du courant, pris par la fascination qu'exerçait sur lui l'objet de son attente (ah ! sacré saumon), havre vers lequel était tendue toute son énergie.

Rien à faire pour se concentrer aujourd'hui : où qu'ils se posent, ses yeux voyaient un visage, celui d'Enda ; le moindre son à ses oreilles évoquait une voix : la sienne. L'univers entier se ramenait aujourd'hui à deux seuls êtres (c'est en tout cas ce qu'il ressentait) : Enda et lui...

À midi et demi, Seamus rappliqua, penché à angle droit comme pour fendre la pluie. « Vous devez avoir faim, mon père.

Il réussit à sourire. « Pas encore, Seamus. Mais je t'en prie, tu n'as qu'à manger, toi. Je prendrai un sandwich un peu plus tard... Reste dans la cabane, va. »

Rien à faire, le garçon s'éternisait, mettant ses nerfs à rude épreuve.

Un peu plus tôt, il avait renoncé à la *Silver Doctor* qu'il avait remplacée par une *Blue Charm.* Et maintenant Seamus le prenait sur le fait, en train de démonter la *Blue Charm* pour la remplacer par une *Silver Rat.* Sous le poids du regard de Seamus, ses doigts déjà tout rouges et engourdis par le froid se mirent à trembler.

« Thomas l'avait bien dit qu'y avait rien à faire aujourd'hui.

– Vas-tu cesser ! rugit-il. Tu n'as rien d'autre à me faire entendre que ces jérémiades ? *File*, je te dis, et laisse-moi pêcher tranquille.

Seamus lui coula un de ces longs regards par en dessous si courants chez les jeunes d'aujourd'hui, avant de lui dire :

« Comme vous voudrez, mon père », puis il s'éloigna comme il était venu, courbé en deux pour affronter l'averse.

À nouveau seul et une fois la *Silver Rat* en place, il leva sa canne, prêt à recommencer : lancer, ramener, lancer, ramener, lancer... À un moment donné, levant les yeux vers le ciel, il s'aperçut de la densité de la chape des nuages au-dessus des montagnes. Elle recouvrait tous les sommets et, comme des renforts dépêchés par la mer et poussés par le vent de suroît, il vit de grosses masses de nuages encore plus noirs s'approcher à vive allure.

Quelle journée épouvantable !

Et que pouvait donc faire Enda en ce moment, aujourd'hui samedi, au lendemain de l'enterrement de Kevin ? Si on lui avait demandé quel était le moment et le jour de la semaine qui pour lui évoquaient le mieux Kevin et Enda comme couple, il aurait répondu le samedi matin, en milieu de matinée, quand ils allaient faire leurs courses. Ce jour-là, quel que soit le temps, on les voyait arriver à bicyclette, dévalant en roue libre la longue pente de Roonatellin où ils venaient faire leur marché pour la semaine. Ils roulaient toujours côte à côte comme des enfants pleins d'entrain et de vitalité, la tête droite et le visage rayonnant d'une excitation joyeuse qui croissait à mesure que leurs roues prenaient de la vitesse, plus vite, toujours plus vite... Lui, dans sa vieille Ford, faisait ses visites du samedi à ses paroissiens immobilisés par l'âge ou la maladie, et c'est souvent qu'il les croisait ainsi, lancés à toute vitesse vers la ville. Il ne manquait jamais de klaxonner et de leur faire signe de la main, en réponse à quoi l'un d'eux, parfois les deux, le saluait d'un geste rapide, comme un réflexe. Mais il n'y avait pas moyen de savoir s'ils avaient pu reconnaître qui leur avait ainsi donné le bonjour, car leurs yeux ne quittaient pas un instant la route qu'ils avalaient avec passion. Soleil, pluie, ou vent, rien ne semblait avoir la moindre prise sur eux, sur cette joie intense et profonde qui émanait d'eux et qui semblait les absorber tout entiers. Et c'est ce qui lui revenait à l'esprit de façon lancinante maintenant, la façon dont il avait laissé son imagination s'enflammer à leur sujet, jusqu'à l'entraîner sur les thèmes les plus crus et les plus troublants... jusqu'à cette énigme plus grande encore : comment se faisait-il que Dieu n'ait pas mis dans les bras d'Enda un enfant ?

Surmonterait-il jamais la peine et le chagrin de la vérité qu'il avait découvert derrière tout cela ?

Enda : lorsqu'il était revenu chez elle après s'être occupé de faire publier le mensonge, elle était accourue dès qu'elle avait entendu sa voiture dans la cour déjà assombrie par le crépuscule : « Ah, vous voilà mon père, Dieu soit loué. Vous êtes passé au journal ?

– Oui. L'annonce va paraître dans le journal du matin, exactement comme tu le voulais.

– Entrez, mon père. »

Elle avait fait tout ce qu'il y avait à faire pour Kevin : le sortir du lit, le laver, le raser, lui mettre son costume noir du dimanche et lui placer son chapelet entre les doigts. Et à chaque coin du lit elle avait disposé des cierges dont la lueur vacillante était le seul éclairage de la pièce.

« Catherine est venue m'aider », fit-elle avec simplicité.

Ils s'agenouillèrent au pied du lit, chacun priant de son côté.

Lorsqu'il se releva, Enda esquissa un mouvement, mais resta agenouillée. Elle leva les yeux vers lui : « Le moment est venu ; je vais tout vous dire, mon père. »

Il dut résister au mouvement tout à fait profane qui le poussait à se pencher vers elle pour l'aider à se relever. Se ressaisissant il lui dit : « Viens, Enda... », il prit une chaise qu'il tourna vers elle, « assieds-toi là... ». Et comme elle s'asseyait : « Écoute-moi, mon enfant, ce que tu as à me dire, il vaut mieux le réserver pour le confessionnal. Tu dois comprendre ça.

– Non, fit-elle.

– Non ?

– Non. » Elle se raidit, on aurait dit un faucon.

« Et pourquoi non ? lança-t-il.

– Cela n'a rien à voir avec Dieu.

– Tout a à voir avec Dieu », répliqua-t-il d'un ton décidé.

Elle secoua la tête en signe de protestation. « Si seulement vous acceptez de m'écouter, vous verrez bien que notre histoire n'est pas du ressort de Dieu. » Elle rougit puis, sans cesser de le fixer de son regard déterminé, lança : « C'est maintenant ou jamais. »

La menace (c'est ainsi qu'il reçut ses paroles) le fit s'exclamer : « Enda ! » d'un ton de réprimande.

Elle chancela, ses yeux s'agrandirent, mais elle tint bon. « Maintenant ou jamais », répéta-t-elle.

Cherchant à mesurer la force de sa résolution, il la scruta du regard jusqu'au plus profond de son être. Mais elle continuait à lui faire face avec la même intensité et la même détermination. C'est bien sûr à ce moment-là qu'il aurait dû lui parler de l'Église et de son rôle à lui comme représentant de Dieu et refuser de l'entendre tant qu'elle se montrait aussi intraitable. Mais il vit qu'elle ne fléchirait pas, que sa résolution était prise. Et puis, *juste là*, près à pouvoir le toucher, le corps de Kevin, l'enveloppe de sa vie sur cette terre, était comme un encouragement ; mais l'élément déterminant, la raison profonde, ce fut Enda elle-même, dans son attente de la décision qu'il allait prendre au terme de ce long silence. Une telle obstination le fascinait, l'atteignait au plus profond de son être, pris sous les feux croisés de la compassion et de l'admiration.

Alors qu'il l'observait ainsi, il se rendit compte peu à peu qu'en dépit de la force manifeste de son caractère, elle n'était pas à l'abri de la peur. Si c'était bien le cas, se dit-il, il n'avait pas le choix : il fallait la laisser dire ce qu'elle avait à dire.

Pourtant, il eut le sentiment qu'il avait le devoir de formuler ses propres appréhensions. « C'est en désaccord avec ma conscience que je vais t'entendre dans les conditions auxquelles tu m'y obliges, lança-t-il avec solennité, les mains jointes et les yeux toujours fixés sur elle, mais cela semble si important pour toi que je vais quand même t'entendre.

– Vous avez une façon de dire les choses, mon père… si vous avez vraiment l'impression que je veux vous obliger à quoi que ce soit, alors ce n'est pas la peine », répondit-elle, avec fierté.

Comment ne pas l'admirer ? Il eut un geste pour indiquer qu'il proposait un compromis raisonnable : « Je comprends, Enda, qu'il ne te sera pas plus facile à toi de parler qu'à moi de t'entendre. »

Son front s'éclaircit. « Merci, mon père. » Puis elle se leva. « J'ai de l'eau sur le feu, je vais faire un peu de thé… Asseyez-vous donc. » Elle semblait encore hésiter. « Il vous faudra être patient, mon père, précisa-t-elle.

– J'aurai la patience, Enda.

– … ne pas m'interrompre dès la première chose que je vais dire…

– Non, je te le promets.

– … m'écouter jusqu'au bout, quoi. »

Elle se détourna alors de lui pour se mettre en face du lit où elle resta debout un temps qui lui parut extrêmement long. Elle lui tournait le dos, absorbée dans la contemplation du visage de Kevin. Et lui, assis sur sa chaise, attendait qu'elle soit prête ; il se sentait à la hauteur de la situation et il avait oublié l'habit qu'il portait. Il déplaça légèrement les pieds, faisant grincer doucement ses souliers sur le sol.

Elle sursauta.

Jusqu'à son dernier souffle il ne pourrait jamais oublier ce moment-là : comment il avait vu son dos se raidir, et comment elle avait pris sa respiration à la façon d'un plongeur qui s'emplit les poumons d'air au moment décisif. Et comment, juste avant de se lancer dans les eaux tumultueuses de son récit, elle s'était tournée vers lui, les yeux brillants, à la fois implorante et résolue, puis elle avait fini par laisser tomber ces mots :

« Il faut que vous le sachiez, mon père, Kevin et moi, eh bien, nous sommes frère et sœur. »

9.

À une heure et demie il posa sa canne contre un buisson d'ajoncs et se dirigea vers la cabane des ghillies.

Il y retrouva Seamus qui, le dos appuyé contre un des montants et les bras croisés, lui demanda d'un ton sarcastique : « Alors, vous abandonnez, mon père ? »

Il dut se contrôler : « Non, Seamus. Je suis venu parce que j'avais faim. » Puis, d'un ton acide : « Ce n'est pas pour te déranger, mon garçon, mais si tu pouvais avoir l'extrême bonté de me passer la Thermos, je prendrais bien un peu de thé chaud.

– C'est qu'il n'en reste pas beaucoup, vous savez. Il fait si froid que je...

– Je me débrouillerai avec ce qui reste. Merci, Seamus. » Dans l'état où il était, s'asseoir lui parut une bénédiction. Le geste de lancer, répété tant de fois, lui avait laissé les épaules endolories, et il se sentait les jambes tout ankylosées d'être resté debout si longtemps. Et ce Seamus qui ne le quittait pas de son œil morose tandis qu'il essayait de reprendre des forces en grignotant son sandwich et en sirotant une tasse de thé revigorante…

Désignant les deux moutons qui broutaient devant la porte restée ouverte, Seamus dit : « Ça on peut dire qu'ils ont de la chance ceux-là avec leur toison.

– On dirait que tu as froid, Seamus… Ça ne te ferait pas de mal de sortir un peu te dégourdir les jambes.

– Ben, s'il pleuvait pas comme ça…

– Ah, toujours la pluie, c'est ça ? » Il se forçait à sourire. « Tu as raison Seamus. Moi aussi je suis complètement trempé.

– Vous allez prendre froid, mon père. » Le garçon essayait de le persuader. « Vous avez vraiment fait tout ce qu'il était possible de faire, mais Thomas a raison, avec ce temps-là, pas moyen d'arriver à rien, la rivière est trop haute et les poissons…

– … Restent au fond, ils ne bougent pas, dit-il, pour mettre un terme à la rengaine. Alors tu me conseillerais d'abandonner, hein ?

– Ah oui, mon père.

– Eh bien, Seamus, je vais te dire ce que je vais faire maintenant… Je vais faire une petite sieste et puis je vais y retourner. Alors si tu veux bien tirer la porte, à cause du courant d'air… »

Quelle bénédiction de pouvoir se couper du monde en fermant les yeux : le spectacle s'arrête, pour soi-même comme les autres… Sur cette réflexion il s'endormit…

« Dis-moi, Seamus, j'ai ronflé ?

– Ouais, grimaça Seamus.

– Bon. » Il s'étira. « Allez, je vais te laisser, Seamus. » Il se leva et, sans bien savoir pourquoi, il ajouta : « Et tiens-toi prêt, avec l'épuisette. »

Il pleuvait toujours : avec une journée comme ça, c'était vrai, il n'y avait rien à espérer. Et puis ces nuées de moucherons, plus denses que jamais. De retour sur son parcours il s'enduisit le visage, le cou et les mains d'une pommade contre les moustiques sans le faible secours de laquelle il se serait fait proprement dévorer par les bestioles. « Allez, ce coup-ci on essaie une *Thunder and Lightning* », décida-t-il... et il monta la mouche, envahi par un sentiment de désespoir proche de la rage. Puis il se remit en position et, tout à sa fureur et à son entêtement, reprit les mêmes gestes : lancer, ramener, lancer, ramener, lancer...

Quel détail lui avait échappé ? Quel était le signe, le geste de leur part qui aurait pu trahir cette relation de consanguinité entre Kevin et Enda ? En tout cas rien dans leurs traits ni dans leurs attitudes familières tels qu'il se les remémorait. À l'affût du moindre indice, il avait déjà longuement ressassé tout cela le matin même en voiture, entre Roonatellin et le château, revoyant dans son esprit leurs visages et leurs corps, leurs gestes et leurs façons de penser. Sans aucun succès.

Kevin d'abord : ses fins cheveux blonds, raides et légers (la moindre brise y dessinait une nouvelle raie) ; ses yeux bleus ; humides, toujours sur le point de laisser échapper une larme ; la découpe de son visage qui exprimait la détermination plus que l'intelligence ; un corps aux attaches fines et souples (il savait grimper sur une échelle et en redescendre avec tellement d'aisance et de naturel qu'à le voir on ne pouvait s'empêcher de sourire) ; la façon qu'il avait, quand il s'arrêtait de travailler pour souffler un peu, de se tenir toujours sur le qui-vive, comme s'il pouvait à tout moment être appelé par quelque motif urgent et impérieux ; son rire clair, ses silences vides ; ses mains de travailleur, larges et rudes ; le soin méticuleux qu'il prenait de ses outils ; sa générosité impétueuse mais sans aucune ostentation ; sa manière presque bornée d'accepter, sans curiosité aucune, les limites palpables de son environnement, comme si l'horizon n'avait rien à offrir qui pût susciter chez lui le moindre attrait, la moindre attente.

Et puis Enda : elle n'avait vraiment pas grand-chose de commun avec lui. Il la voyait comme une descendante possible de la lignée historique de Heber, ce fils aîné du roi d'Espagne Milesius qui, comme on l'avait appris à tous les enfants de sa génération envoyés faire leurs études à Dublin, avait colonisé l'Irlande autrefois, il y a de ça bien longtemps. D'où lui venaient, sinon de son ascendance ibérique, ses cheveux noirs si abondants et ses boucles naturelles si séduisantes ? De là aussi ses yeux noirs et changeants qui révélaient, en même temps que la subtilité de son intelligence, un don réel d'intuition ; et puis ses longues mains, à l'élégance délicatement princière. Et que dire de son sens de la repartie et de sa spontanéité (qui aurait pu – mais gare aux illusions – être reçue comme sexuellement équivoque) ; sa prudence rusée comme celle d'un marin (sa bonté ne se dévoilait qu'ensuite) et – contrairement à

Kevin – on voyait son visage s'éclairer lorsqu'elle regardait au loin, comme si cela l'apaisait.

Oui, ils étaient vraiment bien différents l'un de l'autre.

Deux autres caractéristiques venaient encore souligner ces différences déjà considérables entre eux. La première, c'est que Enda savait lire – un peu seulement (mais Kevin pas du tout). Elle s'y était mise tard, déjà adulte, et aussi limité qu'en soit le résultat, elle n'avait pas craint d'aller pendant plusieurs mois s'asseoir sur les bancs des cours pour « grands débutants » à l'école de Roonatellin. Si bien que, même si sa familiarité avec la chose imprimée en était restée aux rudiments – elle n'était guère allée plus loin qu'un enfant d'âge scolaire – elle se penchait régulièrement sur le journal local pour y mettre en pratique ce qu'elle avait appris. Certes, les lents progrès qu'elle faisait à mesure qu'elle s'absorbait dans la prose de la modeste gazette locale lui coûtaient de terribles efforts, mais quelle formidable source de satisfaction pour elle dans la joie d'en découvrir le contenu et dans l'avidité avec laquelle elle y puisait un contact avec le monde et avec la vie.

La seconde était dans la nature de son rapport à la parole, une sorte d'aristocratie naturelle doublée d'une intense capacité d'émotion. Elle avait le souci de la manière dont elle exprimait ce qu'elle avait à dire. Il lui arrivait d'hésiter en plein milieu d'une phrase, donnant ainsi à entendre qu'elle était à la recherche d'une formulation plus précise ou d'un mot plus expressif. Ce souci donnait un caractère particulier, voire unique, à chacune de ses relations avec autrui qui s'en trouvait teintée d'une délicatesse qui n'appartenait qu'à elle. Il avait toujours été impressionné par sa façon de buter sur certains mots : ces hésitations révélant en quelque sorte le mode de fonctionnement de sa pensée tout en exprimant, par leur charme même, l'essence de sa personnalité profonde.

Mais Kevin et Enda ensemble. N'y avait-il vraiment pas eu moyen de se douter de quelque chose ? Qu'avait-il donc pu laisser lui échapper ? Leurs habitudes de tous les jours présentaient tous les dehors d'une vie ordinaire, leurs espoirs et leurs attentes semblaient si simples : Kevin s'occupait des moutons et de leur peu de terre, acceptant quelques travaux à la tâche pour arrondir les revenus du foyer tandis qu'Enda veillait avec gaieté aux soins du ménage. Et pour les deux, la régularité, l'humilité, la joie de la pratique religieuse, marque de leur amour de Dieu. Surtout Enda d'ailleurs. Tous les dimanches – le dimanche « était son jour » comme on dit – elle assistait à la première messe, à genoux, le chapelet à la main, dans une sorte de ravissement qui la coupait du monde. Quelle grâce émouvante dans le recueillement de sa prière !

Tout de même – ce fut pour lui une illumination soudaine – il y avait bien eu quelque chose, un signal, ah, si seulement il avait su le comprendre ! Quelque chose dont il avait toujours cherché au plus profond de lui-même à écarter toute signification possible. Quand il passait en revue dans son esprit les couples de la paroisse de tous les âges : jeunes fiancés avides de se montrer, jeunes mariés au verbe rapide ou couples déjà âgés, unis depuis longtemps par les liens du mariage, il n'en trouvait aucun qui, à part eux, Kevin et Enda, produise dès qu'on les voyait ensemble, debout ou assis, la même impression troublante, la même sorte d'évidence, de *donnée*, comme une forme de dureté, de détermination que rien ne pourrait jamais venir atteindre. *Résolution*, voilà le mot qui venait à l'esprit pour résumer tout cela.

En tout cas, ce qu'il n'oublierait jamais et qu'avait définitivement gravé en lui le récit d'Enda en cette fin d'après-midi après la mort de Kevin, c'est la misère et le chagrin qui avaient été le pain quotidien de leur petite enfance. Quand Kevin avait trois ans et Enda deux, leur mère succomba en mettant au monde un enfant mort-né qui aurait été le troisième. Après la mort de leur mère, ce fut le sort tragique de leur père, un homme jeune encore, éperdu de chagrin, accablé, prenant des allures de plus en plus étranges, devenant de plus en plus distant, jusqu'à ne plus s'intéresser à rien ni à personne – pas plus à lui-même qu'à ses enfants, à sa terre ou à ses animaux – pour finalement trouver dans la boisson son seul refuge.

« Vous y êtes déjà allé là-haut, dans le Donegal, mon père ? Alors vous savez comment c'est là-bas, des montagnes abruptes comme des murs et des vallées isolées les unes des autres par des massifs montagneux. Des terres vides de tout qui s'étendent à perte de vue, des champs de nuages et de pierres avec quelques rares moutons et puis, çà et là une maison. La nôtre était comme ça. Nulle part pourrait-on dire. Juste quelques traces de moutons pour dessiner un vague sentier, et encore, le plus souvent effacé par la pluie…

Bien sûr je vous parle d'il y a cinquante ou soixante ans. Ça a bien changé depuis j'imagine. Après tout, pourquoi les choses n'auraient-elles pas changé dans le Donegal comme partout ailleurs ? Maintenant il y a des voitures par exemple, et les voitures, ça va partout, qu'on le veuille ou non. Mais à l'époque, quand Kevin et moi on était petits, il pouvait se passer des semaines et des semaines sans qu'on voie âme qui vive en dehors de nous-mêmes et notre père… Ah, bien sûr, on allait à la messe quand on pouvait, parce que pour aller de chez nous à l'église il y en avait pour au moins une heure, et encore, en marchant d'un bon pas. C'est vous dire comme on était loin de tout… »

Pas difficile pour lui de se représenter la scène : le père faisant son entrée dans l'église le jour du Seigneur, ses enfants derrière lui, habillés à la diable, et tous les trois, le veuf et les petits, écarquillant de grands yeux, l'air dépaysé et méfiant, timides et farouches comme des animaux sauvages. « Vous n'aviez pas d'autre famille, Enda ? pas de tantes, pas d'oncles, aucune parenté ? Personne ? » demanda-t-il.

Personne. Apparemment il n'y avait personne. Sauf peut-être – la mémoire d'Enda n'était pas très précise sur ce point – le vague souvenir de quelqu'un dont elle avait entendu parler comme d'une grand-tante de sa mère ; mais les liens avaient été rompus, une dispute quelconque, si bien que, en réalité, la grand-tante n'était plus qu'une vague silhouette dans un rêve.

« … mais en mettant les choses au mieux, même s'il y avait eu quelqu'un, il y a peu de chances qu'il se soit aventuré jusqu'à chez nous pour nous dire bonjour. » Elle haussa les épaules : « Aujourd'hui bien sûr, pour une famille dans la misère comme nous à l'époque, il y a les services sociaux, les assistantes sociales et tout le reste prêts à fouiller votre vie dans ses moindres recoins. Et puis, comme je viens de vous le dire, il y a les voitures. C'est les voitures qui font la grande différence. Mais nous on n'avait rien de tout ça. Pour nous, dans ce temps-là, c'était comme si on n'existait pour personne. »

Après qu'elle eut prononcé ces mots si durs, il fut choqué de l'entendre rire. « … C'est pas qu'on pensait comme ça à l'époque, parce qu'on ne savait pas qu'il pouvait y avoir une autre vie que celle-là, et quand on ne sait pas, on ne sait pas ; pas vrai, mon père ? Et puis c'est pas l'ouvrage qui manquait, du matin au soir : Kevin à la ferme – notre père l'avait mis très vite à une tâche d'homme, et moi, en plus de la lessive, du raccommodage et de la cuisine, j'avais tous les va-me-chercher-ci et les tiens-moi-ça. On faisait chacun la journée d'une grande personne. On était tout petits pourtant, six ans, sept ans, pas plus hauts que ça… » Et de nouveau son rire étrange, comme si elle était étonnée, avant de poursuivre : « Oui, et en plus on le faisait bien, notre travail… »

Elle avala une gorgée de thé. « La maison du Donegal était une maison en pierre. Ce n'est pas qu'elle était grandiose, mais ce n'était pas une maison toute simple comme ici, il y avait même un étage avec une chambre. Cette chambre... » Elle sembla se troubler un instant puis se reprit rapidement et poursuivit son récit : « ... Tout le temps qu'on était petits, le père a toujours gardé la porte de cette chambre fermée à clé. Jamais on ne l'a vu ne serait-ce que s'approcher de l'escalier qui y montait. Pourtant, quand on était à table on le voyait souvent regarder du côté des marches. Mais il n'y posait jamais le pied. Kevin et moi... on a pris une de ces raclées un jour parce qu'on s'était mis à jouer sur les marches : ça nous en a guéris à jamais... C'est-à-dire, sauf moi. Le samedi. Il tenait absolument à ce que tous les samedis je passe un chiffon sur les marches pour enlever la poussière. Il fallait absolument que ce soit fait toutes les semaines. Il fallait que je passe le chiffon sur chaque marche, une par une, jusqu'en haut, vous comprenez, jusqu'à la porte de la chambre. Il ne me lâchait pas des yeux et dès que j'avais fini il me faisait signe de redescendre tout de suite.

– Vous ne lui avez jamais posé de questions sur cette chambre, Enda ? Ni toi ni Kevin ? » demanda-t-il avec douceur.

Elle tourna vers lui un visage ravagé par la frustration : « Je vois que ce n'est pas la peine, mon père.

– Pas la peine ?

– De vous raconter tout ça. » Elle parlait sans desserrer les dents. « Il n'y a pas moyen de vous faire comprendre à quel point on avait peur de lui.

– Je comprends. Je te demande pardon, Enda. Mais je comprends, crois-moi...

– Il faut que vous compreniez, insista-t-elle, il le faut, si vous voulez savoir.

– Je comprends maintenant. Crois-moi, Enda.

– Bon, alors je peux continuer ?

– Oui, je t'en prie, Enda.

– Je ne peux pas dire que je ne me posais pas de questions à propos de cette chambre, mais je n'ai jamais pu les poser à personne. Jamais, même pas à Kevin. Jamais. J'avais trop peur de mon père. Il l'aurait forcément su si Kevin et moi on en avait parlé, et ça l'aurait mis dans une fureur qu'il aurait forcément passée sur nous. Vous me suivez, mon père ? » Il hocha la tête et elle poursuivit : « Un jour, Kevin avait douze ans à ce moment-là, et moi j'en avais onze – je ne sais plus ce qui a déclenché ça – le père a pris un air très bizarre, très inquiétant. Il nous a appelés près de lui tous les deux et il nous a dit : "On va faire du rangement dans la chambre d'en haut." Il tenait à la main une grosse clé noire qu'il est resté un bon moment à nous agiter sous le nez, et il répétait sans arrêt qu'il était temps de débarrasser la chambre. Il n'avait pas bu mais il avait cet air étrange de quelqu'un qui est absent ; à la fois bien là, immense, juste au-dessus de nous mais ailleurs en même temps... Ce n'est pas très facile à expliquer...

– Je comprends, Enda, je vois ce que tu veux dire.

– Oui... Ensuite il nous a fait monter les marches, il nous poussait devant lui, brutalement. J'ai risqué un regard vers Kevin. Il était blanc comme un linge. Je l'ai pris par la manche, besoin de m'agripper à quelque chose sans doute, mais le père m'a aussitôt pris la main pour me faire lâcher prise. Aujourd'hui encore je me demande pourquoi. Peut-être parce qu'il avait décidé de se mettre entre nous deux... Quand il a mis la clé dans la serrure il nous a dit : "Il faut tout enlever et tout brûler." La serrure résistait et ça le rendait fou, mais elle a fini par céder et il nous a fait passer le seuil de la porte... » Elle s'interrompit.

« Ne t'en fais pas, Enda, mon petit. Prends ton temps.

– C'est la première fois que j'en parle, expliqua-t-elle. Depuis toutes ces années, Kevin et moi n'avons jamais fait la moindre allusion à cette journée... Il faut pourtant bien que je vous en parle, mon père, vous allez comprendre pourquoi... » Il eut un geste d'encouragement et elle continua : « En fait cette chambre avait été la chambre de nos parents. On l'a su à la seconde même où on y a mis le pied. Vous savez comme on sent ces choses-là, sans que personne ait besoin de vous les dire. C'est comme si elles s'imposaient à vous. Il nous a juste dit : "Il faut tout vider" et il s'est mis à l'ouvrage, tirant sur le lit, hurlant qu'il fallait qu'on l'aide à descendre le matelas dans l'escalier... Il n'y avait pas grand-chose à vider, puisqu'il n'y avait que le matelas, le bois du lit, et une chaise. Une table aussi, toute petite et branlante. Le tout couvert de moisi à cause de l'humidité. Tout vert, vous voyez. Couvert de champignons. Avec des bestioles qui s'étaient mises dans le matelas, si bien que la laine en était sortie par endroits et... ah l'odeur... » Elle hésita, mais un instant seulement. « Il y avait encore quelque chose dans la chambre, une penderie toute couverte de toiles d'araignée avec deux robes qui y étaient restées suspendues, des guenilles misérables, et lui... » Elle se mit les mains devant le visage, comme pour se protéger d'un coup. « Le père s'est jeté sur les robes comme une corneille sur un lapin mort, il s'acharnait dessus pour les déchirer, les mettre en lambeaux, les yeux fous. Les robes... » Elle paraissait soudain incapable de poursuivre.

« C'était les robes de votre mère », enchaîna-t-il à sa place.

Elle eut un rapide hochement de tête et répondit à son sourire apaisant par un regard de gratitude. « Oui, vous comprenez maintenant, fit-elle, soulagée.

– Oui, Enda. Oui. » Il aurait aimé la toucher, faire un geste pour la rassurer, mais au lieu de cela, pour l'aider à aller plus avant, il lui demanda : « Et alors, vous avez vraiment tout brûlé ? »

Elle hocha de nouveau la tête, le regardant toujours dans les yeux. « Oui, tout, fit-elle, Kevin et moi on a dû regarder jusqu'au bout. C'est lui – le père – qui nous y forçait.

– Et alors ?

– Devant le feu – ça a brûlé très longtemps – il a fini par se calmer un peu, il s'est retiré en lui-même on pourrait dire. Quand le feu s'est éteint, il nous a dit qu'il n'y avait plus qu'à refermer la chambre à clé et quand on aurait fait ça, eh bien, ça serait fini... Ce qu'il voulait dire c'est que c'est lui qui fermerait à clé et que Kevin et moi on devait le regarder faire...

La fermeture de cette porte, mon père, ah, ça a été tout un cérémonial : il s'est appuyé dessus de tout son poids après que le pêne se soit enclenché, il donnait des coups d'épaule, il tournait et retournait le loquet comme pour s'assurer qu'elle était bien fermée. Puis après, il nous a encore mis la clé sous les yeux avant de la faire disparaître dans sa poche. Et alors, je ne sais pas pourquoi, mais dès qu'il a eu la clé en poche il a eu l'air tout content, son visage a pris cette même expression qu'il avait les jours de foire quand il avait fait une bonne affaire en vendant ses brebis de l'année... Et puis... voilà, c'est tout, mon père. »

Il lui laissa un long moment, sentant bien qu'elle en avait besoin. Puis : « C'est tout, Enda, tu veux dire pour ce qui est de ton père et de la chambre ? »

La question sembla l'affoler complètement. Elle le fit penser à un ouvrier indolent surpris en train de somnoler et qui, réveillé en sursaut, se met à s'activer de façon désordonnée, cherchant à s'emparer du premier outil à sa portée. « Bon, c'est tout, je veux dire pour ce qui est de vider la chambre, quoi. » Elle hochait la tête avec violence. « Mais la chambre... », et soudain ses yeux se mirent à briller d'un éclat inhabituel dans la lueur des bougies, « ... cette chambre devait jouer un grand rôle dans notre vie, à Kevin et à moi. »

Pour la calmer et la rassurer, il lui posa la main sur le bras et l'y laissa avec infiniment de retenue, dans un geste d'apaisement qu'il voulait à la mesure de l'énergie qu'elle mettait à se concentrer.

« Le père a pris l'habitude de nous y enfermer...

La première fois – c'était environ six mois après le grand nettoyage – il était devenu taciturne et lointain comme ça lui arrivait parfois, et il nous a appelés. Il nous a fait monter dans la chambre et il nous y a enfermés en nous disant qu'il nous laisserait sortir le moment venu. C'est exactement ce qu'il a dit, "le moment venu". Puis il est parti, après avoir tourné la clé derrière lui. Kevin et moi, on était tellement bouleversés qu'on n'osait même pas chuchoter entre nous pour passer le temps. On est restés assis par terre, à attendre à même le sol, comme deux oiseaux à qui on aurait coupé la langue.

– Combien de temps ?

– Tout l'après-midi », répondit-elle doucement. Elle détourna les yeux vers le mur d'en face. Elle était tellement absorbée dans sa contemplation et montrait tant de mélancolie qu'il eut le sentiment qu'elle lisait dans la blancheur de la chaux l'inverse des marques profondes que la vie avait gravées en elle.

« Enda, mon petit ? »

Elle sursauta. « Oh ! souffla-t-elle, comme reprenant conscience de là où elle se trouvait. Votre thé, mon père, je vais en refaire.

– Non, non. Reste assise, je t'en prie. »

Elle se leva cependant pour leur verser un peu de thé chaud, puis elle alla dans la remise chercher deux morceaux de tourbe : elle les posa sur le feu qu'elle attisa pour le faire reprendre. Lorsqu'elle revint s'asseoir elle lui parut un peu moins tendue, comme quelqu'un qui vient de respirer un peu d'air frais.

Mais en la regardant plus intensément, il s'aperçut qu'il avait mal interprété son expression. Il avait pris pour du calme l'aspect dur que donne la détermination.

« Au cours des deux années suivantes, il prit l'habitude de nous enfermer dans la chambre quand ça lui chantait. Il n'y avait pas moyen de le savoir à l'avance : ça venait, c'est tout, si vous me suivez... Il nous appelait près de lui et nous, rien qu'à son air, on savait ce qui nous attendait... Il buvait de plus en plus. Des quantités effrayantes. Le bourg n'était pas tout près, vous savez, et il partait dès le matin pour ne rentrer qu'à la tombée de la nuit. Et on se demandait comment il pouvait bien faire pour revenir entier à la maison, sans tomber en route, et se casser une jambe ou un bras, vu l'état dans lequel il rentrait, en titubant sur un mauvais chemin, plein de pierres et d'ornières... Et puis la boisson le mettait dans des humeurs épouvantables. C'est Kevin qui en faisait les frais. Vous ne pouvez pas vous imaginer les raclées que Kevin a pu recevoir, mon père, et sans jamais dire un mot. » Elle joignit les mains. « Je... je ne sais pas... c'était chaque fois différent, mais, en même temps, c'était toujours la même chose quand il nous enfermait. Jusqu'à ce jour dont je vais vous parler maintenant. C'était en février... On avait eu un hiver terrible cette année-là... Il était tombé beaucoup de neige et il en était resté plein dans les creux, le long des pentes. On n'avait pas vu le soleil depuis plusieurs jours, rien que de la neige et de la neige fondue ; la nuit il gelait ferme, et puis encore de la neige, et encore et encore… Ce jour-là, on venait de se lever…

– Quel âge aviez-vous ? l'interrompit-il avec un besoin urgent de savoir.

– Quinze ans. Kevin avait quinze ans, et moi juste quatorze… Comme je vous le disais, on venait de se lever et j'étais en train de verser le thé du petit déjeuner quand le père est arrivé et nous a dit de poser nos tasses et de monter. Il avait des choses à faire au bourg, et pas une minute à perdre. Il était comme fou et il s'est mis à nous expliquer que notre mère aimait nous avoir auprès d'elle quand il partait et qu'il fallait donc qu'on monte tout de suite la rejoindre là-haut où elle faisait le ménage ; lui, il devait s'en aller. Il était en plein délire, un délire pas comme les autres fois. Il parlait et il s'agitait comme un fou ; quand on a vu ça, si tôt le matin, on s'est dit qu'il fallait faire attention et qu'il valait mieux ne pas le contrarier… » Elle s'arrêta. « Vous me regardez d'une drôle de façon, mon père… Vous me suivez ?

– Oui, Enda. Tout à fait. »

Elle lui lança un regard éloquent mais garda le silence.

Il se pencha légèrement vers elle : « Tu as toute mon attention », lui dit-il fermement.

Elle agitait la tête, comme un dormeur qui fait un mauvais rêve. « Eh bien il nous a fait monter dans la chambre, mais avant de nous enfermer à clé il est resté un bon moment à regarder autour de lui, à se tourner d'un côté et de l'autre, comme s'il avait la fièvre, vous voyez. Il était dans tous ses états. Et puis, comme s'il venait d'en prendre brusquement la décision, il s'est retourné d'un seul coup et il est parti après avoir fermé à double tour derrière lui. Ce jour-là il a fermé à clé toutes les portes de la maison, celle de devant comme celle de derrière. On l'entendait bien. Il voulait nous enfermer le plus complètement possible. Ensuite, il est parti en nous criant qu'il reviendrait dès qu'il en aurait terminé avec ses affaires. »

Elle s'interrompit et se tourna en direction du lit. Il vit ses yeux se remplir de larmes. « Enda, lui dit-il, épargne-toi, Enda, mon petit... Arrêtons là pour aujourd'hui. Demain... »

Elle aspira profondément. « Non, murmura-t-elle, je veux aller jusqu'au bout. C'est à moi qu'il appartient d'aller au bout, maintenant... » et, relevant la tête : « La chambre n'avait pas vraiment de fenêtre, juste une ouverture étroite, vous connaissez ce genre de pièces...

– Oui, bien sûr », dit-il, songeant avec colère à ces ouvertures profondément enchâssées dans les murs, qui dataient du temps où les Anglais levaient un impôt sur les fenêtres. « Oui, répéta-t-il, une ouverture, comme tu dis. Pas plus large que la main.

– C'est ça... Cette espèce d'ouverture et quelques fentes dans la toiture pourrie, la pièce n'avait pas d'autre lumière... Je vous ai dit que la maison était en pierre, je crois, non ? Eh bien les murs de la chambre n'étaient pas du tout crépis, à part celui du côté de la porte, et les pierres étaient encore pleines du froid de l'hiver... Tout a été très rapide : il nous a fait monter dans la chambre, si vite qu'on n'a même pas eu le temps, ni Kevin ni moi, d'attraper une veste ou un chandail... » Elle se troubla, eut un geste vague, puis ajouta : « Non, on n'avait même pas eu le temps d'y penser. » Elle avala avec difficulté. « Je ne veux pas allonger mon histoire, mon père. La journée était interminable mais on savait que le père finissait toujours par rentrer à la tombée de la nuit. C'est-à-dire que nous, on comptait là-dessus : qu'il allait rentrer et nous libérer. Alors on gardait notre bonne humeur. » Le mot le fit chanceler. « On parlait. Avec moi, Kevin avait toujours des tas de choses à raconter. Il avait trouvé une petite pierre dans le fond de sa poche, alors on s'est amusés avec – on a joué à viser, vous pouvez vous imaginer. On a tenu comme ça, en remuant autant qu'on pouvait pour ne pas penser au froid. Et Kevin, malin comme il l'était, a eu l'idée de nous faire sauter en battant des bras pour essayer d'avoir moins froid.

Mais même comme ça, il faisait très froid... C'était ça le plus dur, plus dur que la faim même. On n'avait pas eu le temps de prendre notre petit déjeuner, et Kevin... » Sa bouche se détendit soudain en un franc sourire. « Vers l'heure du déjeuner, Kevin s'est mis à crier qu'il avalerait bien toute une théière de thé brûlant et une miche de pain à lui tout seul, si seulement il avait ça sous la main. Qu'est-ce qu'il a pu me faire rire! La façon dont il a dit ça, c'était si rigolo. Je veux dire tellement exagéré... Je vous raconte tout ça pour que vous puissiez voir à quoi on a passé le temps. Comment on a fait pour garder le moral toute la journée...

C'est quand la fin de l'après-midi est arrivée, vous savez le moment du crépuscule, le soir qui tombe, l'obscurité et puis la nuit qui vous enveloppe, et le père qui ne rentrait toujours pas... c'est là qu'on a senti le découragement. Remarquez, on n'a même pas eu besoin de le dire... On le sentait entre nous... Mais on continuait à parler à haute voix, à se dire qu'il allait arriver d'une minute à l'autre. On continuait à *espérer*, espérer, voilà ce que j'essaie de vous dire...

Il y avait des étoiles cette nuit-là. On les voyait à travers les fentes du toit. Kevin a dit que ça lui faisait plaisir de les voir mais je ne sais pas, pour moi c'était comme un souci de plus, c'était comme si elles m'attiraient, avec tellement de force qu'elles allaient m'emmener hors de moi-même. Ça a l'air idiot, non, mon père, ce que je vous dis pour les étoiles ?

– Pas du tout, mon petit. Ça m'est arrivé à moi aussi, Enda. »

Elle lui adressa un sourire de côté. « C'est curieux, les étoiles. Aujourd'hui encore elles me font un peu peur. »

À la lumière du feu de la cheminée et de la lueur vacillante des bougies, il eut soudain la révélation de sa beauté qui vint s'imprimer en lui comme une brûlure. Depuis cinq ans qu'il la connaissait, il n'avait jamais eu l'occasion de prendre la mesure de ses traits, de ses grands yeux profonds, de sa peau claire et de ses cheveux, toujours noirs, plus noirs encore à mesure qu'il remontait le cours des années, avec çà et là des reflets roux. Ses cheveux... elle les portait serrés en chignon ou en longues tresses, ou bien encore défaits, flottant dans le vent, laissant fuser son rire à travers les longues mèches…

« Mon père ? »

Confus, il cessa de la regarder, baissant les yeux vers ses souliers. « Tu continues, Enda ?

– Oui… Comme je vous le disais, c'est l'espoir qui nous faisait tenir. Ça et puis de guetter le moindre bruit qui aurait annoncé son retour… Vous savez, ces bons chiens qui attendent le retour de leur maître : ils sont là, assis, toute leur attention ramassée dans leurs oreilles, essayant de saisir le bruit d'un pas sur l'herbe à plus d'un kilomètre… On était comme ça : encore aujourd'hui c'est comme si j'y étais, mon père. À l'affût du moindre bruit, voilà comment on a tenu toute cette nuit-là.

Et puis à un moment, c'était vers le lever du jour, on s'est dit que ce n'était plus la peine de continuer à écouter et à espérer… C'est Kevin qui l'a dit le premier, que cette fois-ci, peut-être qu'il ne rentrerait plus du tout. Ce n'est pas qu'il nous voyait fichus, qu'on allait mourir ou quoi, il a juste dit : “Peut-être que cette fois-ci il ne reviendra pas”, d'un ton très calme, très tranquille. Bien sûr j'y avais pensé moi aussi, mais d'entendre Kevin le dire ça m'a fait éclater en sanglots…

Il faut que vous sachiez, mon père, que Kevin ne supportait pas de me voir pleurer. Ça avait toujours été comme ça, depuis qu'on était tout petits. À chaque fois que je pleurais – il faut dire que ça ne m'arrivait pas bien souvent – les quelques fois que ça m'est arrivé, Kevin faisait tout ce qu'il pouvait pour me consoler. Il faisait des grimaces, il se mettait les pouces dans la bouche et se tirait les lèvres jusqu'aux oreilles, il se mettait en équilibre sur la tête, il aurait fait n'importe quoi, n'importe quelle clownerie pour me faire rire. Il était formidable pour ça. Aussi tendre qu'une mère. Alors quand je me suis mise à pleurer après ce qu'il avait dit, que le père ne rentrerait plus, il a aussitôt voulu me consoler, disant que c'était une idée complètement idiote, que ce n'était pas quelqu'un dont on se débarrassait si facilement, qu'il fallait tout de suite m'enlever ça de la tête. Et même – il s'emportait à mesure qu'il parlait – ce n'était pas tout, une fois que le père serait rentré et qu'on serait à nouveau à l'air libre, on prendrait la première occasion pour s'enfuir. Quitter le Donegal pour toujours. Le Sud, on irait vers le sud, disait-il, on n'allait pas rester là et continuer à se laisser enfermer comme ça. Il avait même pensé à comment on allait s'enfuir, comment on se débrouillerait, il avait prévu tout ça : on se ferait embaucher comme couple, lui à l'étable et au travail de la ferme et moi à la maison, comme aide pour la cuisine ou pour la lessive. C'était si joli sa façon de raconter comment ça serait. Comme un rêve…

Son récit m'avait apaisée, alors je me suis endormie… enfin pas exactement endormie parce que quand j'ai repris mes esprits, je n'étais pas du tout comme quand on se réveille d'habitude – tout frais et dispos pour commencer sa journée –, mais au contraire, j'avais l'impression de revenir très lentement à moi avec une terrible sensation de vertige…

Les premières lueurs de l'aube commençaient à faire leur apparition à travers les fentes du toit… Kevin, quand je me suis tournée vers lui, était exactement dans la même position, toujours le dos contre la porte, comme quand je m'étais assoupie, les jambes allongées devant lui, sauf que maintenant il avait les yeux fermés. J'ai d'abord cru qu'il dormait… Mais… » son visage prit une expression de panique et ses yeux devinrent immenses, «… Tout à coup, de le voir comme ça, j'ai eu très peur. Est-ce que c'était la raideur et l'immobilité de son corps, ou bien de ne plus l'entendre respirer ? En tout cas, je me suis rapprochée de lui pour mieux le voir. » Son regard manifestait une profonde terreur. « On aurait dit… » Elle frissonna. « Son visage et ses mains, les doigts surtout, étaient couleur de cire, et, je ne sais pas, je me suis affolée, j'ai perdu la boule comme on dit… je me suis mise à hurler et je tremblais, je croyais qu'il était mort… »

Il pouvait voir dans quel état d'angoisse la plongeait le souvenir de ce passé terrible et il était fasciné par la profondeur et l'intensité de ce qu'elle revivait. Il remarqua soudain que son cou se mettait à gonfler et à palpiter, il eut l'impression que son corps se soulevait et la pièce résonna du cri étranglé qui sortit de sa gorge.

« Enda ! » s'écria-t-il. Il s'était levé sans même s'en rendre compte. « Enda. » Il était penché au-dessus d'elle. « Avale ! Peux-tu avaler ? » Il saisit sa tasse à moitié vide et tenta de la faire boire. Voyant que le liquide ne passait pas, il lui mit la main sur le cou pour le masser : « Enda, Enda. » Puis, voyant sa poitrine se soulever et revenir à la vie en même temps qu'elle inspirait bruyamment une bouffée d'air, il gémit, soulagé : « *Enda, mon petit.* »

Elle se redressa sur sa chaise, à bout de forces, lointaine, pour lui qui la regardait aussi intensément et de si près. Et pourtant elle lui enserrait le bras avec une force d'autant plus éloquente qu'elle était muette : « Enda », murmura-t-il avec passion. Il ne se reconnaissait plus.

Elle avait perçu – il s'en rendit compte tout de suite – l'intensité profonde qu'exprimait sa voix, une voix qu'il eut du mal à reconnaître comme la sienne (que lui était-il donc arrivé ?) et elle retira aussitôt la main de son bras. Puis, sur un ton contenu et même distant qui le renvoya sur sa chaise : « Excusez-moi, fit-elle. Je ne pensais pas que tout cela était resté si vif en moi.

– Tout va bien maintenant ? lui demanda-t-il, affectant un ton neutre. Tu en es sûre ?

– Oui. » Elle le contemplait d'un air qu'il accepta comme l'attitude de quelqu'un qui se contrôle ; et après un temps : « Alors, je continue ? »

Il lui fit signe que oui.

« Bien sûr il n'était pas mort... Quand j'ai crié... » elle s'agitait sur sa chaise, « ça l'a fait sursauter. Ça l'a ramené à lui comme une décharge électrique ! C'est comme ça que j'ai su qu'il n'avait rien. Ou plutôt que j'ai *vu* qu'il n'avait rien. » Puis dans un froncement de sourcils qui exprimait son étonnement, elle poursuivit : « Normalement, quand j'ai vu qu'il était en vie, j'aurais dû ne plus avoir peur et me calmer, mais... » Elle se pencha gravement vers lui : « Je ne sais pas… » Puis, en réponse à son geste d'encouragement : « Merci, mon père… C'est comme si ça avait eu sur moi l'effet inverse : le fait qu'il ne soit pas mort me faisait trembler encore plus fort que quand je le croyais mort. Il n'y avait rien à faire pour me contrôler, se dépêcha-t-elle de continuer, j'avais beau y mettre toute mon énergie – toute ma volonté comme on dit – et puis physiquement aussi, vous savez, retenir ma respiration le plus possible, serrer les dents, faire tout ce que je pouvais… C'était plus fort que moi. » Puis, frappée d'une inspiration soudaine : « Je viens d'y penser, mon père, vous savez, cette cousine des Cowper ? Celle qui vient de temps en temps leur rendre visite ? On la voit trembler de tout son corps quand elle passe dans la rue avec Mme Cowper ? eh bien j'étais comme ça, mon père.

– C'était le contrecoup, Enda.

– De toute façon, murmura-t-elle, ça a eu un effet terrible sur Kevin. Il n'arrivait pas à me calmer, vous voyez, malgré tous ses efforts. » Sa voix se perdit. « C'est ça – de ne pas y arriver – qui lui a donné l'impression de ne rien pouvoir faire et… » Ses lèvres furent agitées d'un tremblement. « C'est ça qui l'a anéanti.

– Anéanti ?

– Oui, brisé. » Sa voix était redevenue régulière, mais à peine audible : « Il s'est mis à pleurer… mais pas avec des sanglots, non, sans aucun bruit. S'il avait pleuré tout fort j'aurais pu me contenir. Mais rien, pas un son. Juste des larmes qui lui coulaient sur le visage. Les larmes et le désespoir. »

Il crut qu'il ne pourrait pas supporter le spectacle de la souffrance que ces souvenirs ravivaient en elle. Ne sachant que faire, comme hypnotisé, il gardait les yeux fixés sur ses mains qu'il retournait lentement comme s'il devait y découvrir quelque hiéroglyphe dont le pouvoir magique le mettrait à nouveau en mesure de lui apporter raison ou consolation. Au bout d'un moment il dit : « Un tel supplice… » Et il s'interrompit – *est une mise à l'épreuve de la foi*, allait-il poursuivre – mais au lieu de cela il dit : « De toute ma vie, Enda, je n'ai jamais entendu évoquer désespoir aussi atroce.

– *Désespoir !* » Le mot fusa. « Ah, mon père ! » et elle poursuivit, le regard brillant : « Vous voyez maintenant ce qu'il y a eu entre Kevin et moi. Ce qu'on a fait, eh bien *c'est arrivé,* voilà…

– Quoi ? lança-t-il d'un ton comminatoire.

– Quoi ? répéta-t-elle.

– *Qu'est-ce qui est arrivé ?*

– Nous nous sommes appartenus. » Elle lui répondait avec une profonde simplicité : « On n'avait plus rien au monde, que nous, et on pensait qu'on allait mourir. »

Il la regarda avec un sentiment de chagrin où se mêlait quelque chose qu'il n'aurait su nommer. (Sa timidité face aux choses du siècle ? devait-il se demander plus tard…) Quoi qu'il en soit, il pressentait bien où ce récit, hors confessionnal, allait le mener, ce récit dans lequel contre tous les principes et toutes les règles du sacerdoce, il avait fini par se laisser entraîner. Mais il fallait bien qu'il sache (il invoquait son devoir) et comme le seul moyen à sa disposition pour aborder la spécificité et la gravité de l'acte commis était de poser des questions, il demanda, comme au confessionnal : « Que veux-tu dire, Enda, quand tu dis : "Nous nous sommes appartenus" ? »

Son calme fit place à une légère confusion, mais elle poursuivit d'une voix ferme : « Kevin – pour être mieux, mon père – pour nous protéger du froid... comme une couverture... il m'a recouverte de son corps.

– Sexuellement ? fit-il, détachant chaque syllabe.

– Oui, fit-elle doucement, on peut le dire comme ça, mais pas dans le péché. »

Pas dans le désir (il se parlait à lui-même), pas comme un acte prémédité ou préparé par une imagination vicieuse, mais comme une réponse des forces de la vie face à l'emprise mortelle du désespoir. Puis s'adressant à elle : « Pas dans le péché ? fit-il, d'un ton calme.

– Je vous l'ai dit, dans les circonstances où on était, c'est arrivé comme ça », répondit-elle simplement.

Il fit oui de la tête, puis, d'un ton patient : « Enda mon petit, je me rends compte de l'angoisse et des tourments que toi et Kevin avez vécus. Je comprends ce que les circonstances ont d'extraordinaire, mais ce que vous avez fait est tout de même un péché et il faut donc que tu viennes en parler au confessionnal.

– Mais vous étiez d'accord ! coupa-t-elle indignée.

– Oui, bien sûr ! Je t'assure que oui. Mais en tant que *prêtre*, mon devoir est de...

– Alors, arrêtons là, fulmina-t-elle.

– Enda ! *Je t'en prie.* Essaie de comprendre. »

Mais rien à faire pour l'arrêter : « Ce n'est pas au prêtre que je m'adresse quand je vous dis tout cela.

– Je comprends bien…

– … C'est à l'ami que vous avez été pour Kevin et pour moi.

– C'est entendu, Enda, mais…

– À l'ami, répéta-t-elle, butée.

– Mais, Enda, ne vois-tu pas », il se faisait pressant : « Ne vois-tu pas que je suis à la fois prêtre et ami. *Les deux.* Je ne peux quand même pas me couper en deux… »

Il vit son front se plisser. « Le fait que vous êtes prêtre », commença-t-elle d'un ton résolu, puis très vite : « Est-ce que ce serait *pour ça* que vous êtes notre ami ? »

Il lui lança un regard chargé de l'admiration la plus vive mais, ne voulant pas qu'elle s'en aperçoive, il détourna les yeux. « Je te l'ai dit, je ne peux quand même pas me couper en deux, répéta-t-il.

– Mais allez-vous m'écouter jusqu'au bout ? Ne serait-ce que par amitié pour Kevin ? »

Il ignora la seconde question et répondit : « Oui, si tu le souhaites, mais à condition de ne pas avoir à me couper en deux.

– Ce n'est pas moi qui ai amené cette question, dit-elle, fâchée.

– *Enda…* » Il ne put émettre qu'une sorte de grognement.

« Bon, alors je continue. » Mais elle avait perdu le fil. Elle dit : « Je ne sais plus où j'en étais. »

Ce fut pour lui un véritable soulagement de pouvoir l'aider. « Ton père a fini par revenir je suppose.

– Oh », sa réponse fut immédiate, « oui, bien sûr.

– Quand ?

– À la tombée du jour, ce même après-midi. » Elle se mit à contempler le feu. « À ce moment-là – on était là depuis trente-six heures Kevin et moi – on avait pratiquement perdu connaissance ; on était allés si loin que plus rien n'avait d'importance... » Sa voix se fit plus profonde : « Il y a une chose que je ne vous ai pas dite, mon père... plus que tout le reste, *la soif* en nous. » Elle eut une moue amère. « Aujourd'hui encore je ne peux pas y penser... » Elle serra les poings. « Je ne sais comment vous expliquer à quel point la soif est quelque chose de terrible et de cruel... Tenez, il y a encore quinze jours, malade comme il l'était, Kevin en a encore rêvé... Ça lui arrivait régulièrement, ce rêve, toujours le même, il me le racontait, il se sentait mourir de soif, il lui fallait de l'eau... Rien que d'y penser, ça me rend folle.

– Allons, n'y pense plus, Enda ; ça ne sert à rien. » Puis, stupidement, voyant qu'elle ne se calmait pas : « Je peux m'imaginer à quel point ça a dû être terrible. »

Elle sursauta : « Non, vous ne pouvez pas, dit-elle d'un ton abrupt mais sans méchanceté. C'est impossible à imaginer. » Puis : « Vous avez raison, mon père, ça ne sert à rien de rester là-dessus, surtout après toutes ces années. Mais à ce moment-là c'était impossible de faire autrement…

– Continue, Enda. »

Elle haussa les épaules : « Comme je vous le disais, quand il est rentré on n'avait même plus l'énergie de s'inquiéter de rien… Un peu plus tôt ce jour-là, ça devait être autour de midi, Kevin a été pris de convulsions : il s'est levé d'un coup, battant l'air de ses bras, et il s'est mis à maudire le père, à le traiter de salaud – pardonnez-moi le mot, mon père – et à dire toute la haine qu'il avait pour lui, qu'il le tuerait si seulement il le pouvait… Je revois l'expression de son visage quand il a parlé de le tuer… Et puis, comme si ses jambes se dérobaient sous lui, il s'est effondré par terre en sanglotant. » Il percevait dans les inflexions de sa voix une détresse infinie : « Cette crise, et la façon dont il s'est écroulé juste après, ça a été un tournant dans notre vie… c'est-à-dire qu'on était persuadés qu'on allait mourir et qu'on n'avait plus qu'une seule chose à faire, attendre. Curieusement, ça a été comme un soulagement pour moi… Et pour Kevin aussi je pense : il n'avait plus besoin de faire semblant à cause de moi. » Elle baissa les yeux, fixant pudiquement ses genoux. « On s'est embrassés, vous savez, comme on fait quand on se dit adieu. Kevin m'a dit qu'il prierait pour le salut de mon âme et moi aussi je lui ai dit que je prierais pour lui. Et puis nous nous sommes écartés l'un de l'autre, dans l'idée de mourir comme ça, ensemble bien sûr puisqu'on était dans la même pièce, mais quand même chacun de son côté…

– Enda, mon petit… »

Elle parut ne pas l'avoir entendu : « Le froid était entré si profondément en nous et on s'était tellement faits à l'idée de mourir que… comme je vous le disais, on ne réagissait plus à rien. C'est pour ça qu'il a fallu un certain temps pour qu'on se rende compte qu'il était rentré : les cris, les coups de pied, les jurons pendant qu'il essayait de s'introduire dans la maison. Et après, sa fureur encore au rez-de-chaussée, les objets renversés et cassés, ses hurlements, ses quintes de toux… tout cela a fini par traverser notre torpeur, et à nous faire comprendre qu'il était vraiment rentré… D'où il était, sur le sol, Kevin m'a chuchoté qu'il allait l'appeler, que peut-être il voudrait bien monter tout de suite avec la clé et nous laisser sortir, mais que de toute façon, quand il aurait un peu cuvé il finirait bien par monter ; on n'était donc pas perdus. Et, à ce moment-là, quand le père serait monté, je n'aurais qu'à faire ce qu'il me dirait…

– Tu veux dire Kevin ?

– Oui… je n'aurais qu'à m'accrocher à lui, c'est comme ça qu'il a dit. Alors il s'est mis à taper du pied sur le plancher et il a appelé, deux fois. J'étais sûre que saoul comme il était, le père ne répondrait pas, mais je me trompais. Il a répondu tout de suite. Il s'est mis à beugler contre Kevin parce qu'il ne s'était pas occupé du feu et contre moi parce que son dîner n'était pas prêt. Il gueulait à nous crever le tympan, et pourtant, avec l'épaisseur des murs… Kevin lui a laissé le temps de reprendre son souffle, puis il a à nouveau frappé du pied sur le sol, et lui a crié que s'il se donnait la peine de monter nous ouvrir la porte, on ferait tout ce qu'il voulait… Après une ou deux minutes de silence, on a pu l'entendre remuer les boîtes de fer-blanc où on rangeait la farine et les choses comme ça qui risquent de s'abîmer, vous savez, et comme entre-temps la nuit était tombée on s'est imaginé qu'il cherchait la boîte aux allumettes pour allumer une chandelle… Au bout d'un moment – oh, je ne pourrais pas dire combien de temps, ça m'a paru une éternité – on a entendu son pas sur les marches. Kevin m'a dit : "Laisse-moi m'en occuper." » Elle se redressa : « Je ne veux pas m'étendre sur tout ça, mon père, seulement vous dire qu'on a retenu notre respiration tout le temps qu'il lui a fallu pour faire entrer la clé dans la serrure. Dans l'état où il était, ce n'était pas une petite affaire. Mais il a fini par y arriver, la serrure a fini par céder… On était debout, juste devant la porte, prêts à bondir, et quand la porte s'est brusquement ouverte, Kevin s'est jeté sur le père qui en est tombé à la renverse et on s'est précipités pour dévaler l'escalier. *Qu'est-ce qu'il y a*, mon père ? »

Il l'avait fait sursauter en tapant sur les côtés de sa chaise : « Libres ! exultait-il, vous étiez *libres* !

– Oui. » Elle parlait avec lenteur et tristesse. « On était en liberté, c'est vrai, mais la situation n'était tout de même pas ce qu'il y a de plus simple et de naturel : on était à peine arrivés en bas qu'il se remettait debout, il était dans une rage folle, il nous menaçait de tous les châtiments des Écritures… La chandelle – il n'y en avait qu'une d'allumée – faisait danser son ombre sur le mur derrière lui, monstrueuse, toute boursouflée. Lui et son ombre, on aurait dit qu'il faisait deux personnes à lui tout seul… Alors Kevin m'a ordonné d'aller chercher la hache – on la rangeait juste derrière la porte de derrière – puis il s'est tourné vers les marches pour faire face au père et il a dit : "C'est moi qui commande maintenant." Le père commençait déjà à enlever sa veste, vous savez comme un homme qui veut se battre, tout en criant à Kevin qu'il allait lui régler son compte une fois pour toutes. Mais Kevin lui a renvoyé : "Essaie seulement et je le jure devant Dieu, je te tue." Entre-temps j'avais été chercher la hache ; Kevin l'a attrapée et il l'a brandie au-dessus de sa tête en répétant : "Je te tuerai." *Comme ça* », fit-elle en faisant claquer ses doigts. « Ça lui a fait l'effet d'une douche froide… C'est fou les ivrognes, mon père, je suis sûre que vous avez remarqué comme ils arrivent à se ressaisir, même quand on croit qu'ils sont trop partis pour ça. Là, le père a joint les mains et il a demandé à Kevin : "Est-ce que c'est une façon de s'adresser à sa propre chair, à son propre sang ?" Il a dit ça d'un ton presque câlin, les yeux agrandis par la surprise et le menton tordu dans cette pose de débile qu'il savait prendre… Pour toute réponse, Kevin s'est contenté de brandir à nouveau la hache dans sa direction. Et puis, à ma grande surprise, il a parlé de moi. Il a dit comme ça : "Moi et Enda on n'aura pas pitié de toi si tu ne fais pas ce qu'on te dit." Ça m'a galvanisée qu'il dise ça, ça voulait dire qu'il nous voyait tous les deux ensemble pour affronter le père. Ça vous choque, je vois bien, mon père, mais moi ça m'a rendue fière.

– Non, Enda, pas du tout. Ça ne me choque pas, tu peux me croire.

– Je vous crois, puisque vous le dites.

– Continue Enda.

– Eh bien, Kevin m'a dit d'aller nous chercher un peu d'eau, mais de faire bien attention à n'en boire que très peu, parce qu'il avait déjà vu des animaux assoiffés se gonfler d'eau à en mourir. Puis il m'a dit ce que j'avais à faire maintenant : faire du feu, allumer quelques chandelles et puis nous préparer un peu à manger. Mais il a dit aussi que ce serait une grave erreur de ne pas tenir le père à l'œil. Il m'a demandé : "Tu auras la force de t'occuper de tout ça ?" Je lui ai dit oui. Et puis je lui ai passé un chandail sur les épaules et je me suis moi-même couverte d'un châle avant de me mettre au travail... Le feu a pris en un rien de temps et la maison s'est vite réchauffée. C'était... » Elle eut un léger sourire : « c'était comme si on revenait au monde. Et pourtant, tout le temps que je travaillais, je faisais bien attention à ne pas le quitter de l'œil, je savais de quoi il était capable et j'étais décidée à prêter main-forte à Kevin s'il l'avait fallu... Le père se traînait par terre, il essayait de se faire plaindre, vous savez, il s'est mis à pleurnicher sur tout ce qu'il avait dû supporter à cause de nous, et que ça méritait qu'on le traite avec un minimum de respect. Il disait n'importe quoi, vous savez, il essayait de nous faire honte. » Elle reprit son souffle : « J'ai failli avoir pitié de lui, tellement il toussait.... Il était plié en deux, raclant et crachant. Ah, il n'était pas beau à voir... Mais entre deux quintes de toux il s'adressait à nouveau à nous, et... » Elle laissa filer sa pensée. « On avait l'habitude vous savez, avec toutes les fois qu'il était rentré après avoir bu. C'était comme des *étapes* successives si on veut : d'abord il était méchant, il faisait des scènes, et puis à un moment il ne savait plus trop où il en était, il arrivait au bout de ses forces et il ne voulait plus qu'une chose, son lit. Et là il dormait pendant des heures, et il ronflait si fort qu'on devait l'entendre au-delà des collines. Et *l'odeur*, mon père ! » Elle détourna son visage.

« La boisson est une chose terrible, affirma-t-il.

– Oui, *terrible,* reprit-elle ; toutes ces vies ruinées ! Si seulement les gens savaient avant de commencer à boire !

– Il y en a qui savent et qui boivent quand même.

– Ah ça me dépasse, comment peut-on... »

Son visage lui parut s'animer à l'évocation de ce sujet et il pensa un instant qu'elle allait peut-être se lancer dans un commentaire sur les ivrognes de la paroisse, mais il s'était trompé : elle enchaîna directement la suite de son récit.

« En tout cas, ça n'a pas été long avant qu'il ne puisse plus tenir debout. Il avait la tête qui penchait sur le côté et il n'allait pas tarder à se mettre à ronfler... J'avais préparé un peu à manger et Kevin a dit : "On va se mettre à table maintenant." Affamés comme on l'était, on a quand même eu le bon sens de ne pas se gaver. » À nouveau ce sourire évanescent : « Il faut reconnaître qu'on s'est bien tenus à table, comme des êtres civilisés normaux... Quand on a eu fini, Kevin m'a chuchoté qu'il allait me dire ce qu'il y avait à faire… son "plan" comme il disait. Il m'a d'abord montré le dessus de la cheminée. Malin comme il l'était – rien ne lui échappait – Kevin avait remarqué que le père y avait laissé les deux clés de la maison… Il fallait qu'on se repose un peu car au lever du jour on partirait pour de bon. Il avait tout mis au point dans sa tête : on passerait la nuit dans la grange derrière la maison, mais cette fois ce ne serait pas nous qui serions enfermés, mais lui, pour qu'on puisse dormir sans crainte ; et puis le matin, juste avant de partir, on irait déverrouiller la porte de derrière. On ne prendrait rien avec nous, que nos vêtements les plus chauds, un peu à manger et de l'eau et… » Elle fronça les sourcils : « Au-dessus de l'évier, dans une tasse, il y avait quelques pièces de monnaie, on appelait ça "la tirelire". Le père avait l'habitude de les prendre pour aller à la messe… Il faut dire qu'il s'y connaissait pour mettre des pièces de côté… Personnellement, je n'étais pas pour qu'on prenne cet argent, mais Kevin a dit : "Et pourquoi pas ?" On avait tellement travaillé depuis qu'on était tout petits, on ne pouvait quand même pas dire qu'on l'avait volé, cet argent… C'était une somme ridicule en plus, presque rien… J'ai fini par être d'accord pour qu'on le prenne.

– Ça ne me paraît pas une chose bien grave, Enda.

– *Vraiment*, mon père ? » s'enquit-elle, portant un regard soulagé en direction du corps de Kevin.

« Il n'y a absolument aucun doute sur le fait que vous aviez gagné cet argent, dit-il, solennel.

– Je n'ai donc pas de remords à avoir là-dessus, mon père ?

– Bien sûr que non… Mais dis-moi, Enda, mon petit, il l'encourageait à poursuivre, le plan de Kevin, ça a marché je suppose.

– Parfaitement, assura-t-elle. J'ai enlevé les couvertures du canapé et je les ai emportées dans la grange… On avait préparé un sac de nourriture, le pain qui était resté sur la table, quelques boîtes de sardines, des choses comme ça, et on a rassemblé les vêtements qu'on allait emporter. Kevin a pris l'argent de la tasse en dernier… On faisait doucement, mais dans l'état où il était, on ne risquait pas de le réveiller, vous savez, il était ivre mort. N'empêche, on continuait à faire attention… Enfin Kevin m'a fait sortir par la porte de devant; je l'ai fermée à clé, et j'ai même rabattu le moraillon sur la serrure; et puis j'ai fait le tour jusqu'à la porte de derrière où Kevin m'attendait, après avoir fermé à clé lui aussi. Et on s'est enfoncés dans la nuit, jusqu'à la grange… Je vous l'ai dit, on avait emporté des couvertures… et puis on a fait un lit de fortune avec de la paille. Dans l'état de tension où j'étais, je pensais que je ne pourrais pas fermer l'œil, et pourtant… » Elle riait doucement : « J'ai bien dû m'endormir, puisque tout d'un coup j'ai senti que Kevin me secouait et me disait de me lever, qu'il était temps de partir… L'aube était à peine levée et il pleuvait, une de ces pluies d'hiver, mon père, vous savez, très serrée, très méchante. Kevin a dit que c'était un temps épouvantable pour partir à pied, mais qu'au moins, le père pourrait toujours courir pour nous rattraper! puis il a ajouté que dès qu'il aurait rouvert la porte de derrière, il faudrait faire vite : "On va contourner Killybegs et puis après on filera plein sud." C'est qu'on nous connaissait un peu à Killybegs, vous comprenez, mon père. »

Il l'encouragea d'un signe de tête.

Elle ébaucha un geste vague : « Je ne sais pas pourquoi mais au moment de partir, à l'idée de quitter tout ça, je me suis effondrée et pendant un instant je ne savais plus ce que je faisais, comme si je ne voulais plus rien voir, pas plus derrière que devant, c'est étrange, non ?

– Oui. Bien sûr.

– Kevin m'a vue chanceler, mais il ne s'est pas précipité pour me soutenir, il a juste pris le sac du manger en bandoulière et puis il est allé ouvrir en grand la porte de la grange. » Elle se passa la main sur le front. « Je le revois exactement comme il était, debout près du portail, à la fois rassurant et… dur. Prêt à se battre pour lui-même, déterminé on pourrait dire, il était déjà en route dans sa tête… Qu'il puisse partir sans moi, mon père, je n'y avais pas songé une seconde. » (Cette idée avait suffi à mettre dans sa voix une nuance d'effroi.)

« Et c'est ça qui t'a décidée, Enda ? » demanda-t-il.

Elle sembla ne pas l'avoir entendu. « Alors Kevin m'a dit par-dessus son épaule : "Si tu restes, autant choisir de te tuer." » Elle reprit sa respiration. « Est-ce qu'il pouvait être plus clair ? » Elle s'animait : « J'ai compris tout de suite que je partirais sans me retourner... J'ai arrangé mon châle sur mes cheveux et voilà, j'étais prête. Kevin s'est retourné, il m'a regardée très intensément, avant de m'adresser le plus délicat des sourires, vous savez, un de ces sourires qu'on n'oublie jamais... Il était très nerveux, regardant sans cesse la maison et le ciel. Alors, comme s'il avait été réglé sur une horloge, il a dit : "Le moment est venu." Il m'a dit de l'attendre et il est retourné à la maison à pas de loup pour réouvrir la porte de derrière... Il s'est penché pour écouter s'il y avait du bruit à l'intérieur. Il faisait juste assez jour pour que je puisse le voir mettre la clé dans la serrure. Et puis il m'a fait un signe de la main, le signal du départ. Il voulait que je me mette en route avant de tourner la clé... J'ai répondu à son signal et j'ai filé aussi vite que je pouvais dans la direction qu'on avait dit. L'herbe d'hiver était épaisse et terriblement tassée par la pluie, très glissante aussi. Et la terre était si ravinée que je n'osais pas lever les yeux. Courir... Très vite j'ai entendu Kevin qui me rejoignait. Il respirait très fort. Quand il m'a rattrapée, il m'a pris la main pour m'entraîner, vous savez, pour m'encourager... On a grimpé la première butte en courant, sans penser à rien d'autre qu'à arriver en haut. Et puis une fois là on s'est arrêtés pour souffler un peu et c'est là que je me suis retournée. » Ses yeux s'agrandirent. « Rien que d'en parler je sens mon cœur qui chavire comme il a chaviré ce jour-là. Les collines ! Elles s'étendaient devant nous à l'infini, on n'en sortirait jamais. Vous savez à quel point la brume peut modifier le paysage, ce qui est là à un moment donné n'y est plus une minute après, et une vallée entière peut disparaître au moment même où un sommet apparaît, comme une île dans le ciel, vous savez, ces changements qui font croire que les terres chez nous n'ont pas de limites. »

Sa voix tomba. Elle avait rejeté la tête en arrière et elle regardait au-delà du mur, loin, très loin, au-delà de tout. L'intensité du détachement qu'il lisait dans son regard vide le toucha d'une manière depuis longtemps oubliée. Il ne pouvait rien dire, paralysé par ce qu'il ressentait, comme un homme qui s'entendrait appeler par un défunt et qui, malgré son désir passionné de répondre, s'en trouve incapable, trop étonné, et trop heureux pour y croire.

« Bien sûr, dit-elle enfin, le faisant sursauter, bien sûr, ce n'était pas la première fois que je me trouvais en haut de cette colline, mais les autres fois que je m'y étais arrêtée pour regarder les langues de terre, je les croyais hors de portée. Comment aurais-je pu songer à m'aventurer plus loin, à descendre dans la vallée suivante pour remonter de l'autre côté et ainsi de suite ? La lande, si épaisse et si dense par endroits que même les moutons n'arrivaient pas à la traverser, aurait suffi à vous décourager. Alors l'idée que tous les deux on allait continuer, qu'on en avait l'audace... Eh bien, comme je vous le disais, ça m'a fait chavirer le cœur !

Je regardais Kevin pour voir si lui aussi ressentait la même chose, mais non, pas du tout ; il me tirait par la main, comme s'il avait voulu me retenir, et pendant un instant je n'y comprenais plus rien. Mais il m'a expliqué qu'on était hors de vue de la maison maintenant et, à condition de rester *raisonnables*, on pouvait ralentir un peu, mais il n'était pas question de s'arrêter. Je lui ai demandé combien de temps il nous faudrait pour faire le tour de Killybegs. Vous voyez, mon père, c'était une façon de lui demander combien de temps on resterait dans la montagne, sauf que comme ça la question était moins brutale... Il m'a répondu qu'il ne savait pas trop. J'ai suggéré : "Jusqu'à la tombée de la nuit peut-être ?" C'est ce qu'il espérait mais il ne voulait pas me le promettre parce qu'il ne pouvait pas prévoir avec exactitude les difficultés du trajet. En tout cas, il tenait absolument à m'assurer que quoi qu'il nous arrive maintenant, on avait passé *le pire* ! La façon dont il a dit ça, si sûr de lui, et... » Elle hésita un instant, à la recherche du mot juste, « ... et j'ai envie de dire, en sportif... impossible de vous dire à quel point ça m'a remonté le moral, mon père, l'avenir redevenait une réalité. » Un sourire vint éclairer son visage, puis, avec infiniment de charme, elle ajouta timidement : « C'était exaltant.

– Bien sûr, dit-il avec chaleur, bien sûr ! Dire que vous étiez si jeunes tous les deux, pour vous lancer dans le monde comme ça !

– Quinze ans et quatorze ans ! » s'exclama-t-elle avec un mélange d'étonnement et de triomphe, puis elle éclata de rire. « Mais comme on dit, mon père, il n'y a que les inconscients et les hésitants pour se jeter à l'eau. » Elle cessa soudain de rire, calme et silencieuse comme si elle était seule, comme s'il n'était pas là.

Sous son front haut et blanc, ses yeux, absorbés dans ses pensées, paraissaient immenses.

« Enda ? » fit-il enfin.

Elle sursauta et ses mains ébauchèrent le geste de quelqu'un qui ferme un tiroir, puis, se redressant, comme pour s'adresser à un vaste public : « Et voilà, mon père, c'est tout, je vous ai tout dit… Le reste vous le connaissez.

– Oh, protesta le prêtre en lui : mais non ! »

Elle eut l'air surprise, puis – il en vit l'expression sur son visage – *touchée*, par ce qu'elle avait à tort pris pour de l'enthousiasme, pour le désir d'en savoir plus sur leurs aventures à Kevin et à elle. Avant même qu'il ait pu mettre les choses au point, se ressaisir et reprendre les questions que lui imposait son devoir de confesseur, elle poursuivit son récit, toute rose de plaisir à le voir y prendre autant d'intérêt : « Oh, mon père, je pourrais vous en parler pendant un an, de tout ce qui nous est arrivé au cours des mois suivants ! »

Et une fois encore, sans même lui laisser le temps d'ouvrir la bouche, elle continua : « On était si jeunes, comme des nouveau-nés, pour ce qu'on savait du monde. Et comme on n'avait jamais eu personne à qui parler, on était aussi timides et craintifs que des jeunes lièvres. Mais notre timidité a eu ses avantages, elle nous a obligés à rester en alerte, à garder les yeux ouverts tout le temps : on ne voulait surtout laisser passer aucune occasion d'apprendre quelque chose qui nous serait utile plus tard… La première fois qu'on s'est trouvés dans la foule – on était arrivés à Donegal un samedi matin – on n'en revenait pas ; toute cette excitation, tout ce monde qui allait et venait sur la place du marché, tous renfermés sur eux-mêmes et sur leurs activités, ne faisant pas du tout attention à nous. On en restait ébahis, tous ces gens, leurs vêtements, leurs manières ! Et leurs façons de parler ! » Elle eut un large sourire. « Enfin vous pouvez vous imaginer ce que ça a pu être pour nous, mon père. »

Il acquiesça et, ayant pris la décision de la laisser poursuivre, il lui demanda : « Et vous avez trouvé du travail ? Dis-moi comment vous vous êtes débrouillés. »

Son visage reprit une certaine gravité. « C'est grâce à l'intelligence de Kevin qu'on a pu s'en sortir... On avait toujours peur de ne pas avoir mis assez de distance pour brouiller notre piste, alors on a continué à marcher. Après Donegal, Sligo, et puis de là on est descendus sur Calloony, en plusieurs étapes bien sûr, quelques kilomètres une semaine, et puis quelques kilomètres de plus la semaine suivante. On passait la nuit dans des vieilles maisons en ruines ou dans des cabanes de berger. Kevin avait l'œil pour dégoter celles où on ne risquait pas de se faire repérer. Au bout de quelques jours il descendait à la ville la plus proche pour demander s'il y avait du travail, “N'importe quoi, pour un peu d'argent”, qu'il disait. Dit comme ça, il devait donner l'impression d'être prêt à travailler pour trois fois rien, et comme les gens ont toujours des petites corvées à faire faire, il finissait par se faire embaucher pour ceci ou cela : charger et décharger une charrette, réparer une palissade, passer des murs à la chaux, des choses comme ça quoi, et vous le connaissez, il en faisait toujours un peu plus que ce qu'on lui avait demandé, si bien qu'il se retrouvait le plus souvent avec un petit pourboire… Ce n'est que lorsqu'on est arrivés à Ballymote qu'on s'est fixés un moment.

– Ah oui ? Raconte, Enda.

– On est arrivés dans une propriété grandiose, du genre qu'on voit sur les tableaux… Rien que d'en faire le tour, ça nous avait pris presque toute la matinée. Les bâtiments de ferme se comptaient par *rangées*, mon père, avec des écuries, une serre aussi, je vous le dis, c'était grandiose, et puis, vous savez, dans un endroit comme ça, Kevin me l'avait laissé entendre, il y avait forcément besoin de *bras.* Vers midi, Kevin a décidé qu'on irait ensemble à la maison du gardien pour voir s'il y avait du travail pour nous deux. Il disait que si ça marchait, ça nous donnerait une chance de souffler un peu pour voir venir. Mais avant d'aller demander il est descendu à Ballymote pour acheter un anneau de rideau. Il en a fait limer la partie où on passe le fil pour que ça ressemble plus à une alliance et il me l'a fait mettre au doigt. Regardez… » Elle lui montra sa main gauche avec l'élan d'un enfant qui vous montre un de ses trésors. « Je ne l'ai jamais enlevée, dit-elle, puis, sans le laisser l'interrompre, elle poursuivit : Vers le milieu de l'après-midi on est arrivés à la maison du gardien, effrayés de notre propre audace, mais on faisait tout pour que ça ne se voie pas… On a trouvé une porte ouverte… C'était déjà le début du printemps et il faisait très beau ce jour-là, et Mme Cronin nous avait vus approcher avant même qu'on ait frappé. C'était une dame très gentille, mais comme on était des étrangers, elle se méfiait, elle nous a demandé ce qu'on voulait. Elle nous dévisageait, vous savez, comme si on était des romanichels. Ça n'a pas empêché Kevin, qui l'aurait cru capable de ça ? de lui expliquer très clairement qu'on cherchait du travail, qu'on était prêts à accepter n'importe quoi, et que peut-être elle savait s'il y avait besoin de quelqu'un dans la propriété. J'avais remarqué que Kevin lui avait fait bonne impression en allant droit au but et en lui parlant la casquette à la main. Elle lui a dit que pour ce genre d'affaires il fallait voir l'intendant, mais que si on voulait, on pouvait s'asseoir sur le banc devant le porche pendant que son fils irait en parler à M. Dunne. C'était lui, M. Dunne, l'intendant, qu'elle nous a dit. Kevin lui a dit merci et a ajouté que bien sûr on allait attendre. Elle est partie vers l'arrière de la maison du gardien et on l'a entendue dire à son fils d'aller chercher M. Dunne pour lui demander s'il voulait bien venir voir un couple qui cherchait du travail.

À dire vrai, mon père, je n'attendais rien de tout ça, mais au bout d'un moment un monsieur est arrivé par le chemin, il était *en voiture*, vous vous rendez compte ? Il est sorti et il a dit à Kevin que c'était lui M. Dunne. Il voulait savoir ce qu'on cherchait comme genre de travail. On était tous les deux devant lui, mais bien sûr c'est Kevin qui parlait : il a expliqué qu'on était prêts à faire tout ce qu'on nous demanderait pourvu que ce soit du travail honnête, que c'était pas le travail qui nous faisait peur. M. Dunne nous regardait gentiment, pas comme si on était des moutons ou quoi. C'était pas le genre d'homme à vous regarder de haut, mais pas non plus à vous donner quelque chose pour rien. C'était quelqu'un de *solide*, de la tête aux pieds. Solide et juste, comme Kevin l'a dit après. Il nous a demandé comment on s'appelait et je l'ai vu regarder ma main : "Vous êtes mariés ?" Kevin a dit que oui. "Jeunes mariés ?", il s'est mis à sourire, il a dit que ça se voyait, rien qu'à la façon dont j'avais rougi. C'était à cause du mensonge : du reste aussi bien sûr, mais lui il ne pouvait pas le savoir. Il nous a encore demandé : "Et vous avez quel âge ?" et Kevin a dit qu'il avait dix-huit ans et moi dix-sept. M. Dunne a pris ça sans sourciller. Puis il dit à Kevin qu'en cette période de l'année il y avait beaucoup à faire et qu'il pouvait embaucher un manœuvre, mais il devait nous prévenir que le propriétaire des lieux était très exigeant : il ne tolérait pas les tire-au-flanc ni les mauvais sujets pour travailler sur ses terres. Puis il nous a expliqué que c'était sir Edward Spencer le propriétaire, lui et lady Charlotte. Des Anglais tous les deux. Puis il a dit encore qu'il allait nous installer au-dessus des écuries, qu'il y avait là une espèce de grenier vide, est-ce que ça nous irait ? Kevin a répondu que oui, ça serait parfait, et que s'il voulait bien nous en donner l'occasion, les patrons verraient qu'ils pouvaient avoir confiance en nous. M. Dunne a dit que c'était bon, qu'on avait l'air de mériter qu'il nous donne notre chance, qu'il nous prenait à l'essai pour quelques jours et qu'alors il "reconsidérerait la question". C'est exactement ce qu'il a dit – je ne l'oublierai jamais – "reconsidérer la question" de savoir si on pourrait rester. Puis il a montré la voiture et il nous a dit "Allez, montez". » Un sourire éclaira son visage. « J'étais déjà ravie qu'il nous embauche, et en plus la voiture ! c'était le comble du bonheur. Kevin et moi on ne s'était jamais approchés d'une voiture avant, alors rouler dedans ! J'ai dit ça à M. Dunne, que j'étais aux anges de monter dans sa voiture. C'est l'excitation qui me faisait dire tout ça. Alors M. Dunne m'a *regardée*, c'est-à-dire que jusque-là il avait surtout eu affaire à Kevin, mais après ce que j'avais dit de la voiture, c'est comme s'il venait de *découvrir* mon existence, il s'est retourné vers Kevin : "Tu as choisi une bien jolie fille pour te marier." Ça s'est gravé en moi, ces paroles… » Elle réfléchissait. « Bien sûr une femme n'oublie pas le premier compliment qu'on lui a fait.

– C'est vrai. » Il lui sourit. « Mais continue, Enda, je t'en prie.

– Eh bien M. Dunne nous a à nouveau demandé de monter dans la voiture. Kevin a mis nos baluchons sur son épaule et je l'ai vu s'humecter les lèvres comme quand il était inquiet, mais moi, je ne sais pas, dès que je me suis trouvée assise sur le siège je n'en pouvais plus d'attendre qu'on démarre tellement j'étais impatiente de voir comment ça serait quand on roulerait. Vous vous rendez compte, la vitesse et tout ça. Formidable. Comment vous raconter ? Les arbres – il y en avait toute une avenue, des hêtres – on roulait si vite que je les voyais tous en même temps. Ça m'a fait rire. J'étais si contente.

Quand on s'est arrêtés, je suis restée comme étourdie, vous savez, je ne savais plus où on était, j'avais oublié M. Dunne, toute à la joie du tour en voiture. Mais M. Dunne m'a demandé : "Alors ça t'a plu, Enda ?" et je lui ai dit oui du fond du cœur, que je m'en souviendrais toute ma vie. »

Il se laissa envahir par cette image d'elle, jeune, charmante dans sa confusion, radieuse. Et il compléta le tableau d'un doux soleil d'après-midi qui lui inondait les cheveux...

« Eh bien, mon père ?

– J'étais en train de penser à ta joie après ce tour en voiture, répondit-il précipitamment.

– M. Dunne m'a encore emmenée trois fois, pendant le temps qu'on a travaillé là-bas. » Elle était toute fière. « Mais cette première fois, comme je vous le disais, je ne saurais même pas dire à quel point ça m'a plu.

– Et vous êtes restés combien de temps dans cette place ?

– Près de trois mois... À la fin M. Dunne disait que Kevin était "sa deuxième main droite".

– Et toi, Enda, tu travaillais aussi ?

– J'ai commencé tout en bas de l'échelle, opina-t-elle, au blanchissage, mais après quelque temps la gouvernante, Mme Bowler – pas commode celle-là, mais quand même, il faut dire qu'elle était juste si on faisait bien son travail –, elle m'a affectée comme aide aux cuisines. Je ne lui ai jamais donné aucune raison de se plaindre de moi, j'ai toujours fait ce qu'on me disait sans rechigner... Quand je dis qu'elle n'était pas commode, eh bien tous les matins elle nous faisait mettre en rang pour nous donner nos consignes de la journée et à chaque fois elle trouvait le moyen de nous rappeler qu'il fallait "rester à sa place" comme elle disait, et bien sûr ça s'appliquait à *nous*, pas à elle. Elle avait le visage plutôt étroit, un peu comme une fouine. Hautaine. Elle "se croyait" comme on dit. » Elle se mit à sourire. « Ah *les gens* ! mon père : il y en a vraiment de toutes les sortes, c'est fou !

– C'est le mot qui convient. » Il riait avec elle. « Oui, de toutes les sortes. » Puis il poursuivit : « Pourquoi avez-vous quitté cette place, Enda ? »

Elle devint grave. « C'est difficile à expliquer, mon père... En fin de compte on a décidé ça ensemble, pas Kevin tout seul, il ne faut pas croire... Il y avait plusieurs choses. D'abord on avait toujours quelqu'un sur le dos. Et puis on n'avait pas une minute à nous : le moindre pas, le moindre geste, tout était prévu. On nous *disait* tout ce qu'on devait faire, vous comprenez. Et puis il y avait les *sonneries* ! » Elle lança le mot avec hargne.

« Les sonneries ?

– Oui, on n'entendait que ça, reprit-elle vivement. Il y avait une cloche tous les matins à cinq heures et demie dans la cour des écuries pour le lever des hommes et puis encore à midi pile pour la pause du déjeuner, et enfin à six heures parce que six heures c'était la fin de la journée de travail. Et puis à l'intérieur de la maison c'était la patronne ou les invités – il y avait toujours un va-et-vient d'invités – qui appelaient : toutes les minutes, des cloches, des carillons, des gongs, et les servantes se précipitaient dans les escaliers et les corridors pour y répondre, sans avoir eu le temps de faire ce que la sonnerie précédente leur avait demandé.

– Une vraie folie, fit-il, compréhensif. Et les autres raisons de votre départ ? Elles étaient d'un caractère plus profond, plus personnel, j'imagine. »

Elle soutint son regard, puis elle dit, mesurant sa réponse : « Oui.

– Raconte, Enda. »

Elle alla droit au but : « C'était surtout qu'il y avait sans arrêt des choses auxquelles on n'était pas habitués, et je ne sais pas moi, mais au bout d'un moment ça a commencé à nous peser. » Elle s'arrêta un instant pour réfléchir, puis ajouta : « Je dois dire que ce n'était pas tellement des *choses* qu'il s'agissait, parce que, une fois qu'on nous avait montré quelque chose de nouveau pour nous, à quoi ça servait, comment s'en servir, vous voyez, eh bien il n'y avait plus de problème... Ce que je veux dire c'est qu'il s'agissait surtout des questions par rapport à nous... » Elle s'agita, puis précipitamment : « On n'était pas comme les autres quoi. »

Il la laissa s'arrêter sur ce mot, jusqu'à ce qu'elle reprenne : « Vous voyez, mon père, les autres ils avaient grandi sur place ou tout près, ça leur donnait une *épaisseur*, vous voyez, comme les gens qui connaissent tout les uns des autres. Certains, elle se dépêchait maintenant, étaient de la même famille, des cousins par exemple, ou bien comme la cuisinière qui était la tante de la femme du chef jardinier, des liens comme ça. Mais qu'ils soient ou non parents, il y avait entre eux cette épaisseur. » Elle souligna son propos en entrelaçant ses doigts.

« Tirés de la même barrique, comme disait ma mère.

– Oui, fit-elle sans sourire, avant de continuer. Ils n'arrêtaient pas de se raconter ce qu'ils faisaient quand ils étaient petits : leurs jeux, et comment celui-ci avait joué un tour à celui-là, et puis toutes ces fêtes, ces relations entre eux, les goûters sur l'herbe, les réceptions, les chants, les bals, tout ça, et puis qui était sorti avec qui pour la première fois quand ils avaient eu l'âge de penser à ces choses-là. » Elle releva le menton : « Et vous comprenez, Kevin et moi… notre enfance, ce qu'elle avait eu d'inhabituel, et puis le fait qu'on était de la région des abers et qu'on n'avait jamais eu d'autre compagnie que nous-mêmes et notre père… » Elle haussa les épaules, comme si elle allait conclure, attendit un peu. « Le pire pour nous c'était quand on était avec eux, qu'ils nous avaient *invités* et qu'ils se lançaient dans ce que Kevin avait fini par appeler leur "caquetage privé". Il y avait toujours quelque chose – on n'avait jamais la moindre idée de ce que ça avait pu être – qui les faisait se tordre de rire, faire des grimaces, alors que pour nous ce qu'ils disaient n'avait aucun sens, vous comprenez, et puis nous, ça nous laissait tout à fait en dehors… » Sa bouche se durcit. « Ça nous faisait nous sentir tout drôles, conclut-elle.

– Rien d'étonnant à cela », dit-il. Puis il prit le risque

d'insinuer : « Ça a dû vous faire vous replier sur vous-mêmes, toi et Kevin, vous rapprocher… »

Elle l'arrêta d'un regard où se mêlaient peine et légèreté. « Ce que ça nous a fait, dit-elle, absente, c'est surtout que c'était humiliant.

– Oui, bien sûr », dit-il avec la hâte maladroite de quelqu'un qui cherche à se rattraper, regrettant profondément ses paroles qui, il le sentait bien, avaient entamé sa confiance et fait vaciller sa certitude de se savoir comprise. Tendu, il esquissa un geste comme pour effacer ce qu'il avait dit, puis il se lança sur une autre voie : « Ils devaient se poser plein de questions à votre sujet ?

– Au début, oui », répondit-elle d'un ton plat, les yeux au loin.

« Ils devaient vous harceler de questions, non ?

– Oui au début. Surtout les filles avec moi, plus que les hommes avec Kevin.

– Naturellement. » Il se mit un doigt sur le front : « Ils auraient voulu savoir où et quand vous vous étiez vus pour la première fois et combien de temps vous étiez sortis ensemble avant de vous marier. Des choses comme ça, non ? »

Elle hochait la tête.

« Et alors ?

– Et alors ? » Elle lui faisait face.

« Tu leur as donné satisfaction bien sûr ?

– À ma façon oui.

– À ta façon, Enda ? »

Elle se raidit et lui lança : « Vous voulez dire que je

leur ai menti ? C'est à cela que vous voulez en venir, mon père ?

– Étant donné les circonstances, je suppose que tu as dû mentir, Enda. Je t'en prie, ne le prends pas comme ça, j'essaie de comprendre l'ampleur du mensonge, ses effets…

– Oh, fit-elle, pensive, j'ai dit qu'on se connaissait depuis toujours, Kevin et moi, et que pour ce qui est de se mettre ensemble, eh bien dès qu'on en avait eu l'âge, ça nous avait paru évident. J'essayais que ça ait l'air tout ce qu'il y a de plus banal… » Sa bouche esquissa un sourire malin : « Il y avait une des filles, une prétentieuse qui se regardait toujours dans la glace, tout au début, elle m'a demandé : "Et ta robe de mariée, elle était comment ?" et moi je lui ai répondu par une question : "Dieu du ciel, où est-ce que des gens comme moi pourraient bien se procurer une robe de mariée ?" Ça a mis fin à la curiosité. » Elle se mit à rire. « Vous avez remarqué, mon père, comment les réponses les plus simples refroidissent l'intérêt que les gens peuvent vous porter ? »

Il riait avec elle quand elle changea brusquement de sujet : « Pouvez-vous me dire l'heure, s'il vous plaît, mon père ? »

Il consulta sa montre et lui dit l'heure.

« C'est que Kathleen Martin et Maeve O'Callaghan viennent tout à l'heure avec les autres. » Elle était tout excitée. « C'est Catherine McPhillemy, Dieu la garde, qui me les a envoyées. »

Il réagit douloureusement à la joie qu'elle montrait

d'avoir Kathleen et Maeve comme pleureuses pour Kevin. Elle le savait bien pourtant – elle ne pouvait pas l'ignorer ! Il l'avait répété plus de cent fois en chaire – qu'il était tout à fait contre les pleureuses professionnelles. « Des pratiques de sorcières – voilà comment il appelait ça – avec elles, la veillée funèbre perd son caractère de deuil pour devenir quelque chose de sauvage. »

Se pouvait-il qu'elle ne l'ait pas entendu ? Le prêtre qu'il était représentait-il si peu à ses yeux qu'elle n'éprouvait pas le besoin de prendre ses remarques en considération ? Et puis lui dire ça comme ça, comme un fait imminent, carrément, sans même chercher à dissimuler son impatience. Ah vraiment, elle ne ménageait pas son amour-propre ! La blessure, comme un coup de fouet, l'atteignit en même temps que la question prenait forme dans son esprit : *Suis-je donc moins pour elle que je ne le voudrais ?*

« Mon père, risqua-t-elle timidement, qu'est-ce qui vous arrive ? » Elle le regardait avec douceur et inquiétude, très proche et très chaleureuse. « Tout va bien, mon père ?

– *Si je vais bien ?* » Il s'entendit avant même de se rendre compte qu'il criait. « Si je vais bien, alors que tu m'annonces les hurlements de ces furies ? »

Elle s'esclaffa : « Mon père ! » et à sa stupéfaction, elle partit dans un fou rire de petite fille. « En voilà une chose à dire de Kathleen et Maeve !

– Leurs *aboiements.* » Il se recouvrait les oreilles d'un geste théâtral (il était devenu fou, c'est sûr), l'air ravi de ce qu'elle paraisse si heureuse à le voir mimer celui qui a mal.

« Et elles qui ne veulent que mettre un peu d'animation dans la veillée ! plaida-t-elle dans un éclat de rire. Ah, mon père ! »

Et à son tour, il se laissa aller à rire, non sans ironie, car pour Enda bien sûr (il aurait dû le savoir), c'est de la vie bien plus que de la mort qu'il s'agissait dans les hurlements des pleureuses.

Feignant le désespoir dans son sourire, il dit enfin : « Qu'est-ce qu'on va bien pouvoir faire de toi ? »

Elle baissa la tête : « Ah ça, mon père… »

Il la calma : « Mais nous avons encore du temps pour la suite » et, pour l'aider à reprendre son récit : « M. Dunne a dû être surpris quand vous avez décidé de partir, toi et Kevin ?

– Ah ça oui ! » répondit-elle sans se faire prier. Elle s'apaisait à son tour. « Il a proposé à Kevin de l'augmenter et il a promis de parler à Mme Bowler pour que je touche un peu plus moi aussi, et il a insisté pour qu'on lui dise si c'était parce qu'on avait été maltraités. Il voulait savoir, vous comprenez. Mais Kevin a tenu bon. Alors quand il a vu qu'on était décidés à partir, il nous a dit qu'il regrettait qu'on s'en aille et que si jamais on changeait d'avis et qu'on décide de revenir, il trouverait toujours une place pour nous. » Elle sourit avec fierté.

« Évidemment vous aviez pensé à ce que vous alliez faire ?

– Oui, dit-elle fermement. À chaque fois qu'on avait l'occasion de parler, c'était surtout de ça qu'on discutait.

– Et puis ?

– Eh bien voilà, on tenait beaucoup à retourner au bord de la mer… » Son visage prit une expression méditative. « C'est qu'on avait grandi tout près de la mer, je ne sais pas, on devait avoir ça dans le sang, l'odeur, et puis les brumes… Je sais qu'il y a des gens qui ont horreur de ça, la brume. La pauvre Eillen McCafferty par exemple, les brumes, c'est une vraie souffrance pour elle, elle n'y voit que des fantômes. C'est depuis que son père s'est noyé bien sûr… Mais pour Kevin et moi, dans notre enfance, nos seuls moments de joie et de bonheur nous étaient venus de la mer, les nuages amenés par les vents, les tempêtes et les brumes, ces journées magnifiques où le soleil brillait et le vent nous donnait l'impression d'être des petits moutons qui se couraient après en cherchant à s'attraper. Rien ne pouvait nous arrêter dans ces cas-là, même pas le père qui levait les bras pour nous montrer le travail qui restait à faire… » Elle sourit. « Alors on avait pensé rejoindre la côte en partant de Ballymote vers le sud-est. »

Et lui, les yeux fixés sur elle : « Et alors ?

– Quarante-huit ans après, je peux encore vous dire les noms de tous les endroits importants où on est passés, et pourtant on n'y est jamais retournés de tout ce temps-là, ni moi ni Kevin.

– Dis-moi.

– Eh bien, il y a eu Tubbercurry et puis Swinford… c'est là que Kevin a rattrapé un cheval qui s'était enfui, à Swinford, et le propriétaire lui a donné un billet de cinq livres en récompense ! Vous vous rendez compte ! À cette époque-là c'était une vraie fortune ! Et puis à Ballyvary, on a vu une grande maison brûler entièrement. Il n'y avait rien à faire.

– Ballyvary, c'est juste au-dessus de Castlebar, non ?

– Oui... Ah, Castlebar ! On n'a pas eu le temps d'y faire de vieux os à Castlebar !

– Pourquoi ?

– Un célibataire avait été assassiné dans son lit juste le soir avant qu'on y arrive, et toute la ville était sous le choc. Et comme on était des étrangers, Kevin a dit qu'il valait mieux ne pas traîner. Kevin avait appris toute l'histoire de la bouche d'un charron qu'il avait aidé à réparer les roues d'une charrette... » Elle fit claquer sa langue. « C'est terrible une chose pareille... On voit ça de plus en plus ces temps-ci, les crimes, et tout ça. Presque tous les jours même, pour un oui ou pour un non, c'est fou ce que les gens peuvent se laisser emporter par la colère, n'est-ce pas, mon père ?

– Eh oui. La colère... Mais dis-moi, Enda. Vous êtes aussi allés à Westport ? demanda-t-il avec empressement.

– Westport ! » Son visage rayonna. « J'en garde un souvenir merveilleux, de Westport.

– À l'époque, poursuivit-il rapidement, c'était magnifique. Aujourd'hui, c'est un peu envahi par le monde et la circulation. Presque trop pour sa taille. Il y vient des Américains, et des Allemands. Les *touristes*... C'est fou ce que ça vous change un endroit.

– C'est bien vrai. Mais à cette époque-là, comme

vous le disiez, c'était tout à fait magnifique... On y a passé une semaine. Kevin avait trouvé du travail chez un maçon. M. McEvilly il s'appelait. Il avait le visage tout couvert de couperose, mais il était très gentil. C'est lui qui a dit à Kevin que pour lui, la côte autour de Roonah Quay était une des plus belles du monde. Et puis c'est lui qui a donné *la carte* à Kevin.

– La carte ?

– Oui, je l'ai toujours. Si vous m'y faites penser je vous la montrerai un de ces jours.

– Oui, ça me fera plaisir. » Il espérait bien qu'elle s'apercevrait à quel point il était heureux qu'elle lui ait fait cette proposition.

Elle poursuivit : « Seulement, on ne savait pas lire, évidemment, mais Kevin – et ça montre à quel point il avait confiance en M. McEvilly – Kevin lui avait indiqué tous les endroits où on était passés, et M. McEvilly avait tracé un cercle autour sur la carte. Comme je vous l'ai dit, vous pourrez voir tout ça vous-même un de ces jours... La première fois que Kevin m'a montré la carte, je n'avais aucune idée de ce que ça pouvait représenter pour nous. Il m'a dit : "Regarde, on est partis de là, voilà où on est passés, et voilà, on est ici." Il me montrait avec son doigt, tout excité. Mais ça m'a paru un peu fou, toutes ces journées de marche, toutes ces *distances*, mon père, et lui avec son morceau de papier pas plus grand qu'un mouchoir, n'arrêtant pas de jacasser pour me faire comprendre que ce qui dans mon souvenir avait été une longue et pénible journée de marche faisait à peine la longueur d'un pétale de pâquerette. »

Et lui, amusé : « Continue, Enda, continue.

– Je n'aurais jamais cru que ça vous aurait intéressé à ce point, mon père. » Il eut un sourire radieux. « Bon, eh bien M. McEvilly avait tracé un gros point sur la carte, là où il avait dit à Kevin que se trouvait Roonah Quay. Kevin m'a dit : "Tout ce bleu après le point, c'est la *mer*, et le point, eh bien c'est là que nous allons." » À ce moment-là, son visage prit une expression d'enfant espiègle : « Il faut que je vous dise, mon père, que le point que me montrait Kevin sur la carte était à *plusieurs* pétales de pâquerette de l'endroit où Kevin me disait que nous étions, Westport. Et quand je lui ai demandé combien de temps il nous faudrait pour arriver au bout de nos peines et qu'il m'a dit qu'à son avis il y en avait pour trois jours, quatre au plus, j'ai hurlé de joie ! C'est là qu'il s'est énervé contre moi. » Elle s'interrompit.

« Ne t'arrête pas, Enda ! » la supplia-t-il et, penché en avant, comme fasciné par ses yeux lumineux et ses joues qui reprenaient peu à peu des couleurs, il implora : « Emmène-moi jusqu'au bout !

– Ça vous *intéresse* donc tant, mon père ! » Elle tendit vers lui ses mains ouvertes.

La douceur de son geste l'emplit de joie. « Tu m'as ensorcelé avec ton récit », lui dit-il envahi par une vague de bien-être qui, aussitôt, lui fit reprendre conscience de lui-même.

Elle lui adressa un sourire qui laissait voir son extrême satisfaction, puis elle reprit : « Comme vous pouvez vous en douter, Kevin nous a fait partir le lendemain matin dès l'aube… C'était un de ces matins maussades, très frais, avec du vent et un ciel tout couvert de ces nuages minces et indécis qui ont des petites queues, vous savez…

– On les appelait des nuages cerfs-volants quand j'étais gamin.

– Oui, et en plus ils sont splendides ces nuages-là quand ils vous filent au-dessus de la tête comme s'ils faisaient la course. »

Il se revoyait allongé dans l'herbe, le visage tourné vers le ciel, s'amusant en solitaire à découvrir le nuage qui allait plus vite que tous les autres…

« Ce jour-là on avait l'impression d'être accrochés aux nuages, mon père. » Elle poursuivait son évocation. « Comme si c'était eux qui nous entraînaient ; il y avait une telle urgence en nous, et pas une trace de fatigue… Jusque-là au cours de nos déplacements on échangeait nos remarques sur ce qu'on voyait en route, les fleurs, les arbres, les différentes sortes d'oiseaux et les autres animaux. » Elle s'arrêta un instant puis reprit précipitamment : « Vous le saviez, mon père, que Kevin s'intéressait beaucoup aux crécerelles ? Si, si, depuis qu'il était tout petit… Il passait son temps à essayer d'en apercevoir dans le ciel. Il disait que ce qui l'impressionnait le plus c'était leur façon de rester immobiles, si haut dans le ciel, le monde entier étalé sous leurs yeux, sans rien ni personne pour les retenir ou leur faire entrave… Mais le matin dont je vous parle, plus rien n'existait pour lui en dehors de Roonah Quay et du sentier… Quant à moi, mon père… »

Elle semblait tenir entre ses mains réunies un être vivant et fragile : « Je ne peux pas vous dire dans quelle agitation j'étais ! » Elle se mit à rire de bon cœur : « J'avais en tête l'image d'une petite maison avec des églantines roses et des buissons de houx autour de la porte, et puis une vache allongée à l'ombre d'un bouquet d'aulnes, et des moutons en train de paître sur une prairie doucement inclinée vers les falaises qui surplombaient la mer ; et puis, à l'intérieur de la maison, une nappe bleue, déjà mise sur la table... Tout ça je le voyais clairement, comme quand on rêve de quelque chose parce qu'on en a tellement le *désir*. »

Emerveillé par le mot qu'elle avait choisi pour souligner son propos, il hocha la tête.

« Vous voyez dans quel état je pouvais être ! » Ses yeux lumineux rencontrèrent les siens. « Oui, on a marché toute la journée, légers comme des alouettes. Et puis, à la nuit, on s'est réfugiés sous un rocher, ça faisait comme une grotte. C'était tout en haut d'une falaise sur la mer... Je ne saurais pas vous dire à quel point on était excités, l'air bien sûr, et puis, à la tombée de la nuit, voir les mouettes rentrer au nid, vous savez, ça vous donne l'impression que c'est de votre propre intimité qu'il s'agit... Juste avant de s'endormir, Kevin m'a dit : “Ça y est, on a trouvé, ce sera là chez nous.” Au-dessus de nous, les étoiles, et en dessous le bruissement des vagues qui venaient se briser sur les rochers à un rythme qui vous entraîne, malgré vous, à les compter... En disant mes prières ce soir-là, j'arrivais à peine à me concentrer avec toutes ces émotions. »

Il la reconnaissait bien là, songeait-il – son tempérament indomptable qui émanait d'elle comme la chaleur émane d'un corps.

« Mon père ? je vous fatigue ?

– Oh non, protesta-t-il, non, bien au contraire. » Puis, saisi par un sentiment presque oublié d'intimité intense, il lui confia : « Cela fait des années que je n'ai pas eu l'occasion d'une pareille conversation avec quelqu'un. Ça me rend... heureux. » Il aurait bien pu dire « triste » s'il ne s'était pas contrôlé à temps, puis il se demanda si, malgré le mot qu'il avait dit elle allait penser qu'il était malheureux.

Mais elle enchaîna : « Parler à cœur ouvert, fit-elle simplement, on ne peut pas faire ça avec n'importe qui. »

Et comme si elle venait de lui faire un cadeau, il répondit : « Merci, Enda, mon petit, merci... Continue je t'en prie, raconte.

– Eh bien le lendemain ça a été la course pour savoir qui se lèverait le premier, nous ou le soleil ! On a avalé quelques biscuits et un peu d'eau fraîche en route... C'était bien plus dur que la veille...

– À cause des falaises...

– Oui, ça montait, fit-elle gravement.

– Mais... » souffla-t-il, il revoyait dans son esprit le spectacle majestueux des falaises tourmentées. « Vous deviez avoir l'impression d'être comme les crécerelles de Kevin en train de contempler le monde loin en bas, non ?

– Bien sûr ! confirma-t-elle. Vous savez, mon père,

avant la maladie de Kevin, on allait souvent se promener jusqu'à Leegans Head par temps clair et on avait beau avoir l'habitude d'y aller régulièrement, c'était toujours le même émerveillement. C'est un paysage dont on ne se lasse pas.

– Non, jamais.

– Et c'est là, bien sûr, qu'on peut voir toutes les espèces de mouettes et de foulques, et puis des canards sauvages. Mais ceux qui m'ont toujours paru les plus curieux c'est les cormorans, pas vous ? Avec leur façon de passer au-dessus de l'eau en regardant tout autour d'eux...

– Mais pour le charme, rien n'égale les courlis. Et à Leegans Head, tu as remarqué toi aussi, Enda, comme les oiseaux de la côte sont peu sauvages ? les mésanges et les traquets. Un jour il y en a un qui est venu se poser sur ma tête.

– Non !

– Je t'assure ! C'est les graines des hautes herbes qui les attirent en si grand nombre, je me souviens avoir lu ça quelque part. » Puis, presque intimidé : « Il y a aussi des campanules là-haut. »

Ses yeux s'allumèrent. « Oh oui, des tapis entiers. »

Il était tombé sur le bleu violent de ces fleurs au cours d'une promenade cinq ans plus tôt, lors de son premier été à Roonatellin, après ces quatre années terribles dans un coin particulièrement difficile et tourmenté du comté de Louth où son évêque l'avait envoyé en lui disant : « Je vous fais confiance pour ne pas mêler Dieu et l'Église à la politique. » Pourtant, au cours de son séjour là-bas, la violence et la haine aveugle des terroristes avaient frappé à plusieurs reprises : deux de ses paroissiens d'âge mûr avaient subi le supplice du genou et trois jeunes gens avaient été assassinés. Puis son évêque avait fini par lui écrire : « Vous avez droit à un peu de tranquillité », et il l'avait envoyé s'occuper des gens apparemment sans histoire de Roonatellin.

Ce séjour dans le comté de Louth il n'en avait jamais parlé à personne et il n'en parlerait jamais, si ce n'est de façon purement allusive. Mais là, face à Enda, il dit : « Mon premier été ici, je ne sais pas si tu t'en souviens, mais je n'étais pas en très bonne santé…

– Bien sûr que je m'en souviens, mon père. C'est un ulcère que vous aviez, non ? C'est en tout cas ce que le docteur Jason a laissé entendre à Huey Slieve. Et Huey en avait justement un lui aussi ; avec lui, la nouvelle s'est répandue plus vite qu'avec n'importe quelle commère. »

Quelle ironie : Huey Slieve et lui, réunis par leurs ulcères… « Oui, j'étais à bout de forces. Je n'ai pas l'intention d'aborder ça – il était tout à fait persuadé qu'il ne fallait pas – mais si j'en parle c'est parce que j'ai toujours été convaincu que c'est bien plus aux hauteurs de Leegans Head que je dois ma guérison qu'aux soins de Desmond Jason, le docteur du village. »

Elle lui adressa un sourire complice et enchaîna dans le parler local : « C'est pas Dieu croyab'ce qu'il nous faisait faire, çui-là… Rien à voir avec le docteur Mansfield qu'est là maintenant, ces façons qu'il avait…

– Absolument. Mais… » Il jeta un coup d'œil sur sa montre, « … nous nous sommes écartés de ton récit.

– Oui, je reprends… Kevin et moi, on a continué à descendre jusqu'à la vallée de la Roonah, on ne savait pas comment elle s'appelait à ce moment-là, et on était à peu près à mi-pente – juste en dessous du gros rocher, vous savez, celui qui se dresse au-dessus des terres de Keogh – quand on a vu que le sentier qu'on suivait en croisait un autre un peu plus large qui avait l'air plus fréquenté. Kevin a dit que c'était certainement le bon, alors on l'a pris. C'était la route qui longe la rivière, oui, comme aujourd'hui, sauf qu'à l'époque ce n'était pas encore une route, juste un chemin de terre pour les carrioles. Et puis, un peu en retrait du chemin, on s'est trouvés face à *ça* ! » L'émotion lui fit allonger l'unique syllabe de ce mot, en même temps que d'un geste large elle écartait les bras pour mieux montrer les quatre murs de sa maison. « Il y a eu quarante-huit ans au mois d'août !

– Un jubilé ! »

Elle rit : « Oh, mon père, dans quel état c'était ! » Elle se redressa sur sa chaise, prise par la terrible intensité du souvenir : « Impossible d'imaginer une ruine plus lamentable : le chaume du toit était complètement pourri et à moitié effondré sur le sol, pas une seule vitre aux fenêtres, des ronces si épaisses et si denses le long du mur de la cour que vous vous seriez arraché la peau rien qu'à essayer de passer à travers. Je nous revois debout près de ce mur, à contempler la maison, incapables de rien dire tellement c'était délabré. Et pourtant il y avait là quelque chose qui nous attirait.

– Peut-être la façon dont la maison est posée sur le fond du vallon, comme un œuf dans son nid ?

– Oui, ça, et puis les coteaux derrière la maison, et puis la mer bien sûr. Mais… c'était surtout que, malgré les ruines, l'endroit nous faisait une très curieuse *impression.* » Elle plissait le front : « L'impression que ça avait été un endroit heureux.

– Et que ça pouvait le redevenir.

– Oui ! C'est ce qu'on s'est dit quand on a enfin pu parler. Même si c'était triste de la voir abandonnée à ce point, elle n'avait rien d'inquiétant du genre maison hantée, vous voyez, et on savait que si on la réparait, que si on en prenait soin, elle pourrait retrouver sa splendeur.

– Est-ce que vous êtes entrés tout de suite dans la cour ou bien est-ce que vous avez attendu la fois suivante ?

– Non, tout de suite ! Rien n'aurait pu nous empêcher de regarder partout. » Elle fit un geste de la main. « On a trouvé un endroit où les ronces étaient moins épaisses… Il faut dire que la cour, c'était plus que des tas de pierres, des vieilles meules de foin tassées par la pluie, et puis des touffes de vesces et de chardons… Quant à la porte, elle était barrée par un rideau de roses, on ne pouvait pas passer. Mais comme les vitres étaient toutes cassées, on n'a eu qu'à entrer par les fenêtres pour aller voir à l'intérieur. Comme je vous le disais, le chaume était tombé par terre par endroits, mais de l'une des fenêtres on pouvait très bien voir la cheminée, et ça m'a fait battre le cœur… »

Elle se pencha en avant, en le fixant intensément : « Cette image, mon père, vous savez, la nappe bleue sur la table ? Eh bien, vous ne me croyez pas, mais elle était là, devant moi… avec un bon feu dans la cheminée. Au lieu du désordre et des ruines je voyais tout *à sa place*, chaque chose dans la vérité qui serait un jour la sienne. » Elle prononça ces derniers mots d'un air grave, comme une sibylle expérimentée.

Elle était vraiment merveilleuse. « Continue, supplia-t-il.

– Ce n'est qu'après avoir tout regardé dans la maison qu'on a découvert, à l'arrière, l'étable… On avait bien aperçu une petite partie du toit, les ardoises, mais l'étable elle-même, vous l'avez remarqué, elle ne se voit pas de devant, si bien qu'on ne s'attendait pas du tout à cette splendeur.

– C'est une bâtisse magnifique. Unique en son genre », affirma-t-il.

Elle rayonnait de satisfaction. « C'est le mot qui convient, mon père ! *unique*. Et c'est vrai, elle était aussi belle et aussi parfaite à l'époque, qu'elle l'est aujourd'hui, avec ses murs massifs, si solides avec leurs pierres parfaitement ajustées, aucune humidité… Kevin a été tellement impressionné qu'il n'a pas pu s'empêcher de siffler d'admiration en la voyant. Il a dit qu'une bâtisse comme ça était faite pour durer mille ans… La porte était ouverte en grand, et on a pensé qu'un coup de vent avait dû la pousser depuis bien longtemps parce que les gonds étaient tellement rouillés qu'elle était complètement bloquée… Kevin s'est aventuré à franchir le pas de la porte. Vous avez déjà remarqué la pierre du seuil mon père ?

– Remarquée et admirée. Un vrai chef-d'œuvre !

– Oui, fit-elle, tout à la joie de son évocation. Eh bien, comme je vous le disais, Kevin est entré à l'intérieur et il m'a appelée par-dessus son épaule : "Regarde-moi ça !" Il avait l'air stupéfait, si bien que je ne savais pas si je devais m'attendre à une bonne ou à une mauvaise surprise. Je me suis vite rapprochée de lui et bien sûr, dès que je me suis trouvée à l'intérieur, je n'en suis pas revenue qu'il ait même pu parler tellement c'était *beau*, mon père ! Les *installations* ! les stalles pour les vaches, les enclos à cochons, les râteliers, même un arçon, et puis les poutres du toit, toutes chevillées, et puis le long du mur du fond cette magnifique banquette ! Il y avait aussi une superbe lanterne, accrochée juste au-dessus de la porte. Des oiseaux y avaient fait leur nid, des choucas probablement. Ils n'ont peur de rien ceux-là, ils s'installent partout. » À nouveau ses sourcils se rejoignirent : « Entre les poutres il y avait des toiles d'araignées épaisses comme des filets de pêcheur, et puis plein de nids de guêpes, et cette odeur particulière qui trahit la présence des chauves-souris, et puis enfin tout ce qu'on peut imaginer trouver dans un endroit qui n'a pas servi depuis longtemps, mais tout ça, c'était comme si ça n'avait aucune importance... Pour moi, ce qui me *frappait* c'était comme tout avait été laissé en bon état. Impossible de ne pas remarquer comme tout avait été bien tenu, et on sentait que ces gens, obligés de partir on ne sait pourquoi, avaient pris tellement soin de tout ici que ça avait dû être une vraie torture pour eux d'avoir à quitter ces lieux. »

Qui, à part elle, aurait su exprimer une chose pareille ? Et avec un tel sentiment de compassion qu'elle l'obligeait, l'entraînant dans son sillage, à se représenter le regard d'adieu lancé sur cet intérieur bien rangé, silencieux et désormais sans vie, par l'homme qui quittait ce joyau pour toujours : il le voyait relever les épaules, juste avant le geste stoïque par lequel, en mettant sa casquette, il consacrait cet adieu... Et Kevin, c'était évident, avait dû lui aussi dire le même adieu à son étable, avec la même tendresse.

Il perçut un bruissement d'étoffe.

Puis il vit qu'Enda s'était retournée pour faire face au visage blafard et sans vie de Kevin, mais de telle manière qu'il ne pouvait déchiffrer sur son visage les émotions dont elle était manifestement agitée. Et il se trouva bientôt devant elle comme un homme qui contemple le portrait d'une femme et découvre dans son attitude l'existence de désirs non réalisés; désirs enfouis mais encore susceptibles de se manifester. Il la contemplait avec une mélancolie dont le caractère véritable lui échappait.

Comme une dissonance à travers la brume, sa voix lui parvint : « Le visage des morts, disait-elle d'une voix blanche, c'est toujours pareil, ça ne vous dit plus rien de ce qu'étaient les gens de leur vivant. »

Ce fut pour elle le moment où elle atteignit le fond du désespoir. Ses yeux, ses épaules affaissées sous la ligne à la fois fière et vulnérable de son cou blanc en attestaient. Ne sachant trop que faire, il dit : « Ma chère Enda… » Mais il ne put aller plus loin.

Évidemment c'était le moment où il aurait dû la convaincre de différer la fin de son récit, et il était sur le point de le faire, de lui suggérer de profiter des quelques instants qui restaient avant l'arrivée des visiteurs pour se reposer un peu et reprendre des forces… pendant que lui irait faire un tour le long du chemin pour la laisser un peu seule.

Mais ce fut elle qui parla la première, et avec un élan irrésistible : « Une chose que j'ai apprise, mon père, c'est que dans la vie il ne faut pas séparer le passé, le présent et l'avenir mais toujours y penser ensemble, comme un tout. C'est quand on laisse des vides entre eux, quand on s'attarde dans ces espaces intermédiaires, que la douleur devient insupportable. » Et comme pour apporter une preuve à ce qu'elle disait : « C'est de m'arrêter sur cette première fois qu'on a vu l'étable qui m'a fait dériver. »

Et lui, calme : « Oui, tu as raison, il faut toujours essayer de ne pas laisser se disperser les morceaux de sa vie. C'est ce qu'il y a de plus difficile, savoir garder une vue d'ensemble… Mais dis-moi, Enda mon petit, avant que les autres n'arrivent, tu ne voudrais pas rester seule un moment ? »

Il vit passer sur son visage une expression… se pouvait-il que ce fût de déception ?

« Oh, s'exclama-t-elle, j'allais justement vous parler du père Daniels. C'est grâce à lui que ça a pu se faire, vous savez, qu'on demeure ici. » Puis, rapidement : « À moins que ça vous lasse mon histoire. » Son bref retour au parler local trahissait son embarras. Elle poursuivit : « Dame, c'est que c'est pas rien pour moi de revenir sur toutes ces affaires-là avec vous, mon père, de vous les conter.

– Pour moi aussi, Enda. » Il voulait la rassurer. « Quelle harmonie ! dit-il avec un calme et une chaleur dont les accents la firent arborer un sourire radieux. Et crois-moi, ton histoire me *lasse* d'autant moins que Devin avait un jour commencé à me raconter comment vous aviez acquis la maison quand on a été interrompus par je ne sais plus trop quoi et on n'a jamais eu l'occasion d'y revenir…

– Mais il tenait à ce que vous soyez au courant ! Ça montre bien la considération qu'il avait pour vous, mon père.

– Il parlait du père Daniels *avec noblesse.*

– C'est que c'était un homme si bon, si aimable. Dieu ait son âme… Kevin vous a raconté comment on était allés le trouver ?

– Pas en détail.

– Eh bien, il faut que je revienne un peu sur ce fameux après-midi où on a découvert la ferme.

– Va, je t'en prie.

– Kevin et moi, on a tout de suite su qu'on avait trouvé notre paradis terrestre. C'est ce que Kevin a dit quand on était dans l'étable. “Cet endroit c'est pour nous”, qu'il a fait, et moi, je ne me suis même pas dit “et pourquoi pas la lune ?”, vous savez le genre de chose qu'on pense devant ce qui ne sera jamais à votre portée. Non, je lui ai juste dit qu'en effet c'était ce qu'il nous fallait. Il a dit : "On va essayer de passer la nuit ici et puis demain on ira en ville trouver le curé pour en savoir plus sur la maison." J'étais d'accord bien sûr. Je me sentais pleine d'audace et toute faible en même temps. Confiante, vous voyez.

– L'espérance, précisa-t-il.

– Oui, comme si on avait eu tous les deux la même volonté farouche, et vous savez ce qu'on dit sur la foi qui déplace les montagnes.

– Reviens au père Daniels.

– Eh bien on a fait comme on avait dit, dès le matin on a filé en ville, directement à l'église...

– Vous vous êtes présentés au père Daniels... » Il l'encourageait à poursuivre.

« Oui. Et il nous a reçus de façon tout à fait charmante. C'est Kevin qui parlait pour nous bien sûr, il a parlé de nous, de notre intention de nous établir à Roonatellin ; et il a raconté comment on était tombés sur cette ferme, et puis qu'on voulait savoir à qui elle appartenait et si on pouvait la louer pour commencer. Ça allait de soi que bien sûr on remettrait tout en état... Quand j'y repense, aujourd'hui encore, je n'en reviens toujours pas de la présence d'esprit de Kevin, de comment il a su présenter les choses. Il a vraiment fait ça comme un homme, mon père ! Par exemple quand il a insisté sur le fait qu'on avait travaillé au château à Ballymote et qu'on y avait donné toute satisfaction. Et il a même ajouté que s'il voulait écrire à M. Dunne, celui-ci ne manquerait pas de lui envoyer une bonne recommandation pour nous.

– Quel genre d'homme c'était le père Daniels ?

– Vous voulez dire physiquement ? Il était grand, le visage large et le regard vif. Et quand il vous écoutait il avait l'habitude de contempler ses mains, réunies devant lui par l'extrémité des doigts, et de les garder comme ça longtemps encore après que vous ayez fini de parler, sans qu'on puisse savoir ce qu'il pensait de ce que vous veniez de lui dire. Tant qu'il n'avait pas *détaché* ses mains l'une de l'autre, rien à faire pour savoir ce qu'il avait dans la tête puisqu'il n'ouvrait jamais la bouche tant qu'il avait les mains comme ça… » Elle s'enfonça sur son siège. « Je me rappelle qu'au moment où Kevin a eu fini de lui dire ce qu'il avait à dire, le père Daniels a continué à le dévisager à travers l'entrelacs de ses doigts sans dire un mot. Et moi je me disais qu'il devait nous prendre pour des farfelus d'arriver comme ça un beau matin, étrangers au pays et n'en finissant pas de parler d'une maison dont la veille encore on n'avait jamais entendu parler.

– C'était audacieux. Impressionnant ! dit-il avec ferveur.

– Et puis c'était drôle aussi, mon père, parce que après nous avoir laissés si longtemps sur des charbons ardents à nous dévisager dans un silence de mort, le père Daniels a fini par reposer les mains sur son bureau et par nous dire que ma foi en se réveillant ce matin-là il était loin de se douter que sa journée prendrait pareille tournure : la nouveauté était chose rare et bienvenue dans sa vie, et là-dessus il a éclaté d'un bon gros rire. Puis il a repris son sérieux et nous a dit tout ce qu'il savait sur la maison, que c'était la propriété d'une veuve qui s'appelait Mme Connelly et qui était partie s'installer à Westport après la mort de son mari huit ou neuf ans plus tôt. Il nous a expliqué que la veuve était infirme et que c'était pour ça qu'elle n'avait pas pu rester. Au moment où elle était partie, elle avait confié la maison à une agence pour la louer mais au bout de quatre à cinq ans elle était tombée sur une série de locataires malchanceux que l'agence avait fichus dehors les uns après les autres parce qu'ils n'avaient pas honoré leur partie du contrat… Au cours des dernières années personne ne s'était plus approché de la maison, à part le jour où la veuve était venue elle-même en grand équipage avec un chauffeur qu'elle avait engagé pour l'amener en voiture depuis Westport. Ça avait été l'occasion pour le père Daniels de faire sa connaissance. Elle lui avait dit qu'elle était venue pour vérifier l'état des lieux, surtout l'étable car toute sa vie cette étable avait été l'objet des soins attentifs de son pauvre mari. La maison ne l'intéressait pas du tout et elle le lui avait fait savoir… Alors le père Daniels nous a dit qu'il s'était rendu sur place avec elle et qu'il était resté en sa compagnie dans la voiture quand elle avait envoyé le chauffeur examiner l'étable. Le père Daniels nous a raconté qu'elle était courbée en deux à cause de son infirmité, mais que son esprit fonctionnait bien… Et puis avant de repartir pour Westport, le lendemain, elle était passée au presbytère pour demander au père

Daniels de bien vouloir surveiller sa maison pour elle, car elle avait décidé de ne plus la louer, vous savez, “maison vide vaut mieux que mauvais locataire...” Elle lui avait laissé son adresse et il lui avait écrit voici six mois, nous dit-il, et elle lui avait répondu que le moment lui semblait venu de liquider la ferme et qu'elle ne tarderait pas à lui faire signe... Alors aussitôt Kevin a demandé au père Daniels ce qu'il dirait de *nous* pour la maison, avec des loyers à valoir sur le prix d'achat de la maison, un peu plus tard peut-être ? Il était comme ça Kevin, une audace folle quand il s'agissait de la réalisation de notre projet. »

La scène telle qu'Enda l'avait décrite prenait pour lui autant de réalité que s'il l'avait vue représentée sur la scène de l'Abbey Theatre de Dublin :

Le père Daniels trônant devant la vieille relique (dont il a fini par devenir propriétaire) qui lui sert de bureau dans la pièce intimidante, humide, et sans joie du presbytère où il reçoit ses ouailles.

En face de lui, Kevin et Enda, les yeux écarquillés devant cette personnification de l'Église (Aide, Lumière, Réconfort, Force, Espérance, et cetera, et cetera), leur timidité tenaillée par l'aiguillon acéré de la violence de leur désir.

Le père Daniels – l'œil allumé et le cœur en émoi devant l'événement (quelle distraction par rapport à la routine mortelle qu'il endure devant sa table de travail !) en quoi consiste cette « nouveauté » d'avoir à se prononcer (l'estomac torturé par les relents d'un petit déjeuner trop lourd en fritures) sur la véracité des propos que lui tiennent les deux jeunes gens assis en face de lui, sur la sincérité de leurs sentiments chrétiens, et sur la réalité et l'étendue de leurs talents. Il finit par prendre une décision, *après s'être adressé à lui-même la question :* Et, par tous les saints du Paradis, pourquoi ne pas leur donner leur chance de vivre leur vision de l'Éden ?

Il se mit à rire : « Je m'en souviens, Kevin m'a dit que tout le temps qu'il plaidait votre cause il se sentait une langue d'alouette, mais il a suffi que le père Daniels lui annonce qu'il allait écrire à Mme Connelly et qu'en attendant il vous donnait l'autorisation de rester dans la maison, pour qu'il ne puisse plus rien dire, comme s'il s'était démis la mâchoire ! »

Enda s'esclaffa : « C'est pourtant vrai, mon père. J'en suis témoin ! *Kevin !* Je le revois en face du père Daniels, une vraie pierre ! Pas plus bavard et aussi gris ! J'étais tellement gênée qu'il n'ait pas un mot pour remercier le père Daniels que j'ai dû prendre la parole moi-même pour lui dire merci de tout ce qu'il faisait pour nous, que nous nous ferions un devoir sacré de veiller à ce qu'il n'ait jamais à regretter de nous être venu en aide... Et la façon dont le brave homme m'a regardée, mon père, vous savez, comme on regarde ces jouets qu'on offre aux enfants pour Noël en se demandant à quel moment la pile va s'arrêter. J'étais dans tous mes états à essayer de tenir la place de Kevin qui à ce moment-là ne valait guère mieux que s'il avait tourné de l'œil ! » À nouveau ce petit air malicieux dans son regard : « Si on m'avait parlé comme ça à moi, si on m'avait dit ce que j'étais en train de dire, je me serais drôlement méfiée ! Vous savez, ces bonnes paroles qu'ont les gens qui se parent de toutes les vertus des Saintes Écritures ! Ah, rien que d'y penser ! » Elle esquissa le geste de se cacher le visage dans les mains.

« Continue, continue », fit-il, amusé.

Mais elle ne reprit pas tout de suite, et à nouveau la chaleur du souvenir raviva l'éclat de son regard. « En quittant le père Daniels ce matin-là, Kevin – faut dire qu'il avait retrouvé sa langue entre-temps – lui a dit qu'on allait tout de suite s'attaquer à la maison, que Mme Connelly répondrait ce qu'elle voudrait mais la maison ne resterait pas un jour de plus privée des soins dont elle avait manqué si longtemps... Aujourd'hui encore, je ne crois pas que le père Daniels se soit rendu compte à quel point Kevin disait la vérité. Et pourtant il m'a confié un jour qu'il avait tout de suite vu que Kevin avait “la colonne vertébrale en acier”. C'est comme ça qu'il a dit. Mais je crois qu'il se disait qu'on allait bricoler un peu par-ci, par-là, en amateurs, quoi. C'est impossible qu'il ait pu s'imaginer tout ce que Kevin allait faire le jour même... » Elle s'interrompit, ménageant un effet de suspense.

« Enda ! tu me mets sur des charbons ardents !

– Il a acheté un âne bien costaud, voilà ce qu'il a fait, avec une charrette d'occasion !

– Quoi ? » explosa-t-il.

Elle lui sourit : « Eh oui, j'ai d'abord cru qu'il avait perdu la tête et puis il m'a expliqué qu'on aurait bien besoin de cette bête et de la charrette pour transporter à la maison tout ce qu'il nous faudrait nous procurer en ville : matériaux pour le toit, de quoi faire les montants des fenêtres, les vitres, et puis le reste, les outils, la chaux, tout le reste quoi... On avait mis de côté tout l'argent qu'on avait gagné à Ballymote, et évidemment le billet de cinq livres que Kevin avait reçu quand il avait rattrapé le cheval emballé, mais tout ça ensemble était loin de faire le début de ce qu'il nous fallait pour affronter toutes les dépenses. Alors Kevin ne s'est pas découragé. Il a serré les poings et il a dit qu'il irait travailler la journée et qu'il s'occuperait de la ferme le matin avant de partir et le soir en rentrant. C'est ce qu'il a dit, c'était comme ça qu'il voyait les choses et rien ni personne ne pourrait l'en empêcher ! Alors je lui ai dit que moi aussi j'allais gagner de l'argent, qu'à nous deux on y arriverait... C'est drôle, mais le fait d'avoir un animal à nous, d'avoir à nous en occuper, c'était comme un premier succès et ça nous a aidés à nous accrocher à notre projet, si vous voyez ce que je veux dire.

– Oui.

– À y repenser, je ne sais pas comment on a fait, mon père... Les saisons qui se bousculent, l'automne, vous savez, et puis les premiers signes de l'hiver, et la nécessité d'un minimum de confort... » Elle hochait la tête. « Ça a été très dur... J'ai souvent cru que Kevin allait tomber d'épuisement.

– Comment il a pu faire tout ça, ça paraît incroyable. Et toi aussi. » Sa voix manifestait son admiration. « Mais revenons un peu en arrière, et raconte-moi comment vous avez trouvé du travail à Roonatellin, comment vous vous êtes fait accepter. »

Ses yeux se resserrèrent. « En étant *humbles*, mon père, voilà. Le lendemain de notre visite au père Daniels, on est allés à Roonatellin, les gens nous regardaient comme on regarde des gens qui ne sont pas du pays et nous on disait à tous ceux qui voulaient bien nous écouter qu'on avait besoin de travail et qu'on était prêts à commencer tout de suite... Et puis Kevin a eu de la chance... C'était un samedi et il avait remarqué qu'il y avait la queue devant l'atelier du maréchal-ferrant. » Et, avec un haussement d'épaules : « Plus personne ne sait ce que c'est aujourd'hui un maréchal-ferrant...

– Moi oui.

– Vous oui, mon père, c'est de votre époque. Mais vous me comprenez quand je dis que les gens aujourd'hui ne savent plus. Maintenant c'est les voitures et les tracteurs. Des moteurs de toutes les sortes. Mais il y a quarante-huit ans, pour se déplacer et pour son ouvrage de tous les jours, un homme ne pouvait compter que sur les quatre pattes d'une bête... »

Il hocha la tête, se demandant si les choses avaient changé en mieux ou en pire.

« ... et un bon samedi il pouvait y avoir jusqu'à quinze ou vingt bêtes qui attendaient de se faire ferrer devant l'échoppe du maréchal-ferrant... Alors, comme je vous le disais, Kevin a remarqué que les hommes s'impatientaient, qu'ils rouspétaient d'avoir à perdre la meilleure partie de la journée à attendre pendant que le maréchal-ferrant, qui travaillait seul, dégoulinait de sueur avec la chaleur de la forge... Kevin est allé tout droit vers lui, il lui a dit qu'il s'appelait Kevin Dennehy et qu'il savait ferrer un cheval, qu'il serait heureux de rendre service, vu qu'un coup de main ne semblait pas de trop... Moi, d'où j'étais je l'observais... M. Burke, Fergus Burke, le maréchal-ferrant, a dit à Kevin d'un ton très sec que son assistant n'était pas là aujourd'hui parce qu'il était malade, mais que c'était pas un coup de presse qui le ferait confier ses affaires à un inconnu... Et tout ça sans même lever les yeux sur Kevin... Mais Kevin ne s'est pas démonté, il a demandé qu'on veuille bien le laisser ferrer *un âne*, vous comprenez, mon père, les chevaux ont toujours eu beaucoup plus de valeur, alors, est-ce qu'il pourrait montrer ce qu'il savait faire avec un âne ? Et avant que M. Burke n'ait eu le temps de lui répondre, un des fermiers qui était en bout de queue a dit qu'il serait très content de confier son âne à Kevin, vu qu'il ne voulait pas perdre sa journée à attendre. À ce moment-là, comme vous pouvez vous en douter, tous les yeux se sont braqués sur Kevin, ils voulaient tous savoir comment ça allait se passer. M. Burke a dit au fermier qu'il refusait toute responsabilité, mais qu'il voulait bien laisser Kevin se servir de ses outils pour ferrer l'âne... Il faut quand même que je vous dise, mon père ! », sa voix prit le ton de la confidence, « mais au manoir de Ballymote, Kevin avait travaillé avec le maréchal-ferrant, et aussi avec le forgeron, et c'étaient tous les deux des experts dans leur métier, si bien que Kevin savait très bien où il mettait les pieds. Et puis, il faut dire aussi que Kevin avait une espèce de sixième sens pour ce qui est des animaux. Il savait tout de suite s'il avait affaire à un animal nerveux qui pouvait ruer, et bien sûr, comme il avait la main à la fois douce et ferme, il était de taille à maintenir en place la patte de l'animal pendant qu'il enlevait le fer usé et qu'il nettoyait le sabot. Ça les rend folles les bêtes, vous savez, si vous les touchez dans le vif, c'est pourquoi il faut en même temps de la fermeté et de la douceur, pour que l'animal comprenne... Et il savait mettre un fer neuf comme *personne*. Je n'ai jamais entendu dire qu'il aurait mal martelé son fer ou enfoncé un clou dans les chairs. C'est tout un art de ferrer un cheval.

– C'est bien vrai.

– Je vous le disais, je regardais tout, et si mes lèvres ne bougeaient pas, ce n'était pourtant pas faute de prier ! » Un sourire passa sur son visage. « Kevin ne cherchait pas à *impressionner* M. Burke, je veux dire qu'il n'essayait pas de crâner. Il s'est mis au travail tout à fait normalement. Mais je voyais bien qu'il faisait très attention à ne pas gêner M. Burke ou à ne pas se servir de l'outil dont M. Burke aurait justement pu avoir besoin... Il parlait à l'âne avec douceur, comme pour le rassurer, et de temps en temps il lui tapotait gentiment le cou... Et puis je voyais bien que de temps en temps M. Burke jetait un regard en douce sur Kevin pour voir comment il s'en tirait. Mais il n'a pas dit un mot, même quand Kevin a tout laissé en plan un moment pour aller réactiver le feu qui faiblissait. C'est seulement quand Kevin a eu enfoncé le dernier clou et qu'il a fait faire quelques pas à l'âne pour voir si le nouveau fer était bien en place, que M. Burke a dit que c'était du bon travail... que lui-même aurait sans doute été *plus vite*, mais qu'il n'aurait pas fait mieux... Les fermiers avaient suivi attentivement, en connaisseurs, le moindre geste de Kevin ; et après les paroles de M. Burke, ils se sont regardés en échangeant des signes d'approbation, et celui dont c'était le tour – il attendait avec son cheval – a aussitôt tendu sa longe à Kevin. » Elle leva les mains dans un geste de triomphe.

« Je parie que tu as eu une terrible envie de crier de joie à cette victoire ! »

Elle rit : « *Oh oui*, mon père, mais pour une fois je me suis retenue... » Elle marqua une pause, puis : « À mesure que la journée s'avançait, Kevin s'est un peu détendu avec M. Burke et les autres autour. Il leur a dit que ça faisait des mois qu'il était sur les routes, à la recherche d'un endroit où s'installer et que Roonatellin lui avait paru l'endroit idéal, vu que c'était au bord de la mer et tout, et qu'il y voyait tout ce qu'il attendait d'une ferme *à condition* (et ce n'était pas rien comme condition), *à condition* de trouver assez de travail pour faire face à tous les frais. Il leur disait tout... Certains de ceux qui étaient là à l'écouter – rien qu'à leur mine j'aurais pu dire qui – le prenaient au sérieux, les autres se contentaient de l'écouter pour passer le temps. Mais quand il leur a confié que c'était à la ferme Connelly qu'il s'intéressait, je peux vous assurer que *tout le monde* a dressé l'oreille ! Et quand il a dit qu'il avait eu la permission du père Daniels pour s'installer là-bas en attendant l'accord de la veuve Connelly pour une location ou une location-vente, alors là, ils avaient tous les yeux rivés sur lui, et tous ne lui voulaient pas que du bien ! Mais ça n'a pas empêché Kevin de continuer, sans rien leur cacher ; il devait se dire qu'il valait mieux jouer cartes sur table pour mieux voir à qui on avait affaire. » Sa bouche esquissa un sourire : « Si vous aviez pu l'entendre, mon père, comme il parlait de l'étable, il en chantait *les louanges* comme vous diriez, c'était de loin la plus belle de tout le pays, au point, disait-il, qu'il aurait fallu être fou pour refuser de s'user les bras au travail pour se donner la chance d'en devenir l'heureux propriétaire… »

Il eut soudain l'impression qu'il y avait quelque chose d'étrange dans le récit qu'Enda lui faisait de cette conversation de Kevin avec M. Burke et les autres. Quelle folie tout de même (et pourquoi au juste, il n'aurait su le dire) de s'être ainsi laissé entraîner (c'est ce qu'il devait penser quelques instants plus tard) à suivre, captivé, l'histoire de la vie d'Enda ! Au point d'en avoir complètement perdu de vue son rôle de prêtre. Mais comme le picotement incessant d'une écharde qui vous est entrée sous la peau, il conservait cette sensation qu'il y avait dans ce récit quelque chose de curieux.

« Mon père ? »

Au son de sa voix, grave, intense, irrésistible – quelle autre voix avait cette intensité charnelle ? – il prononça son nom, « Enda ! » qu'il articula comme le « *ahhh* » qui annonce qu'on vient d'éclaircir un mystère, puis, comme si sa vie en dépendait, il aboya : « Mais alors,

Kevin, il n'a pas prononcé ton nom une seule fois dans toute cette conversation avec M. Burke et les autres ! »

Il dut soudain lui paraître menaçant et bizarre, peut-être même un peu fou. La surprise qu'il put lire sur son visage lui en donna en tout cas la certitude.

En était-il vraiment ainsi ? S'était-il laissé aller de façon si grossière à montrer ses crocs de curé à l'affût du péché ?

C'était pourtant bien ça.

Plus tard, il devait se trouver méprisable au souvenir de ce retour à son rôle de grand inquisiteur, la façon dont il s'était à nouveau drapé dans le dogme de son sacerdoce, se carrant sur son siège, tout à fait dans le style de l'inquisition.

« Pourquoi donc ? demanda-t-il d'une voix qu'il voulait aussi légère et détachée que possible, pourquoi Kevin n'a-t-il pas mentionné ton nom ? »

Elle haussa les épaules : « Oh, je ne sais pas moi, sans doute parce que les hommes ne parlent pas des femmes. De toute façon ils ne connaissaient pas mon existence. » Et comme il ne disait rien, attendant la suite : « Ce n'est qu'à la fin de la journée que je me suis approchée, quand Kevin s'est trouvé seul avec M. Burke, au moment de fermer la forge.

– Et à ce moment-là, comment est-ce que Kevin t'a présentée ? »

À la façon dont il vit ses lèvres se pincer, il sut qu'elle avait parfaitement saisi le changement qui était survenu en lui. Elle répondit pourtant tout de suite : « Il a dit à M. Burke : "Je vous présente Enda."

– C'est tout ? »

Elle acquiesça.

« Et qu'est-ce qu'il t'a dit, M. Burke ?

– Ce qu'on dit dans ces cas-là, rétorqua-t-elle d'un ton las. Qu'il était enchanté de faire ma connaissance, ce genre de choses.

– Et c'est tout ?

– Oh, il a bavardé un petit peu avec moi, il a dit qu'il m'avait remarquée et qu'il avait pensé que je devais être la femme de Kevin... Il m'a demandé si Roonatellin me plaisait autant qu'à Kevin... les choses habituelles quoi.

– Et est-ce que Kevin ou toi avez fait le moindre effort pour lui faire savoir la vérité sur vous deux ? »

Il aurait aussi bien pu s'adresser à un mur.

« Enda ? »

Elle contemplait la vaisselle disposée sur la table.

« Enda ! » ordonna-t-il.

Comme un chien qui obéit à un ordre, elle tourna la tête vers lui, mais sans rien dire, patiente et immobile, les yeux fixés sur lui.

Il prit cette attitude pour de la contrition, et il lui dit, avec une certaine douceur : « J'attends ta réponse. »

Au-dessus de ses yeux, son front blanc, transparent, juste la largeur de sa main si jamais il devait l'y poser, était de marbre. « Si vous cherchez à nous accuser de quelque chose moi ou Kevin, allez-y carrément, mon père. Mais je vous en prie, cessez de tourner autour du pot. »

Son ton caustique avait quelque chose d'une rebuffade. En plus de l'attitude dure, tendue, si peu féminine, qu'elle avait prise, elle le regardait comme s'il n'était qu'une canaille, comme s'ils n'étaient plus chez elle, mais ailleurs, dans un lieu douteux où tout serait permis, *comme si ce qui comptait vraiment ne comptait pas du tout.* Il perdit la tête, et sans attendre une seconde, il s'avança sur sa chaise, et lui cracha son accusation, comme une vomissure : « Kevin *et* toi, plutôt que de saisir l'occasion d'un nouveau départ, honnête, vous avez préféré persister dans le mensonge et faire croire que vous étiez mariés...

– *Persister ?* l'interrompit-elle avec une arrogance exaspérante, c'est un mot que je ne connais pas. »

Il lui faudrait donc marcher sur les eaux : « Vous n'avez pas, gronda-t-il, *vous n'avez pas voulu* saisir l'occasion qui vous était offerte, aussi bien avec le père Daniels qu'avec M. Burke. Vous avez caché la vérité de votre relation, vous n'avez fait que vous enfoncer dans la dissimulation et la tromperie.

– Mais c'est eux, elle s'enflammait maintenant, c'est *eux* qui ont pensé qu'on était mariés.

– C'est ce que vous vouliez leur faire croire. »

Elle le corrigea d'un ton impérieux : « C'est ce qu'on les a *laissés* croire, vous voulez dire.

– Que veux-tu dire par là ? » Sa réplique préparait la réponse fulgurante à laquelle il s'attendait.

Au lieu de la riposte attendue, elle se contenta de dire calmement, après un moment : « Pauvre homme, vous ne pouvez pas comprendre. » Alors, quand elle le vit si malheureux, elle lui dit d'un ton las, les yeux emplis de pitié, comme si elle lui venait en aide : « Nous n'avons jamais dit, jamais et à personne, que nous étions mariés. Les gens ont tout de suite pensé qu'on était mariés et on les a laissés le croire car c'était beaucoup plus simple pour nous. Si on leur avait dit qu'on n'était pas ce qu'ils croyaient – si on leur avait dit qu'on était frère et sœur – ils auraient voulu organiser notre vie. Moi par exemple, on se serait attendu à ce que *j'aie envie* de me marier, et Kevin aurait été considéré comme un bon parti pour les femmes du village ; elles auraient envahi notre vie privée, grignoté notre liberté, jusqu'à se servir de nous pour remplir les manques de leurs désirs... Le fait que les gens nous ont crus mariés, conclut-elle avec simplicité, c'est ce qui nous a permis de faire ce qu'on voulait. »

Il entendait ce qu'elle disait, sans comprendre. Mais Dieu le pardonne, il ne pouvait se défaire de l'impression d'avoir été abaissé, ravalé à n'être plus pour elle qu'un objet de pitié. Cette morsure cruelle, il n'avait jamais rien ressenti de tel et, cet orgueil fou, affolant qui lui imposait de faire quelque chose, n'importe quoi, pour retrouver sa dignité et son avantage, le poussa à lui asséner ce coup terrible : « Et en quoi ça consistait exactement, *en dehors des choses normales*, faire ce que vous vouliez ? »

L'incrédulité – c'était plutôt un profond désarroi – se marqua sur son visage, mais lui, comme un chien de berger que plus rien ne peut arrêter une fois qu'il est lancé après un agneau : « Dis-moi, est-ce qu'il ne s'agissait pas de choses très particulières ? » Puis crûment : « De choses sexuelles... »

Il n'eut pas le temps de finir.

Elle se dressa devant lui comme une colonne de flammes. « Comment pouvez-vous penser une chose pareille de Kevin et de moi ? » Elle était hors d'elle. « Penser qu'on aurait continué ? *Quelle honte !*

– Mais il faut que je sache, cria-t-il, c'est mon devoir !

– Votre devoir ? Dieu le maudisse ce devoir ! Quelle cochonnerie ! »

Il encaissa le coup. L'impression de l'avoir mérité.

Désespéré, il vit son visage déformé par le mépris et par les larmes qui lui emplissaient les yeux. « Vous m'avez blessée », lui dit-elle. Puis, s'écartant de lui : « J'ai à faire maintenant. »

Oui bien sûr, songea-t-il, c'était vrai, les gens allaient arriver d'une minute à l'autre.

La voix brisée par la douleur, il implora : « Laisse-moi t'aider… »

La réponse qu'elle lui fit, en lui tournant le dos, l'excluait cruellement : « J'irai plus vite toute seule. »

Accablé de chagrin, plein de dégoût pour lui-même, il resta sur sa chaise à la regarder faire repartir un grand feu, allumer les lumières et remettre la vaisselle en ordre sur la table. Elle changea enfin les bougies à chaque coin du lit, allumant les mèches neuves à la flamme de celles qui étaient en train de mourir. Ce nouvel éclairage fit paraître le visage de Kevin plus blanc, plus lunaire, déjà dans l'au-delà.

Le bruit d'une voiture qui s'approchait se fit entendre.

Elle se dirigea vers la fenêtre pour regarder dans la nuit. Son profil se découpait dans la lumière jaune et crue des phares qui s'approchaient, silhouette noire et sans yeux, aussi ressemblante que les découpages à un penny qu'on achète dans les foires…

« Voilà les premiers qui arrivent », dit-il d'une voix creuse et stupide devant l'évidence. Puis il se leva. Il se sentait tout endolori. Il se passa la main dans les cheveux, attrapa une chaise – était-elle vraiment aussi lourde que ça ? – qu'il plaça au pied du lit : « Assieds-toi, Enda. C'est la place qui te revient. »

Elle vint tout de suite s'y asseoir.

Il tendit la main vers son imperméable.

« Vous n'allez pas *partir* ? lui demanda-t-elle.

– Je ne vois pas comment tu pourrais vouloir que je reste.

– Ça ne serait pas convenable que vous partiez. » Elle lui avait répondu d'un ton sans réplique.

« Veux-tu que je les fasse entrer ?

– Si vous le voulez bien, oui », lui dit-elle, polie.

Des voix se faisaient déjà entendre dans la cour, et déjà les phares de leurs autos annonçaient que les autres montaient vers la maison.

Il traversa la pièce.

Il mit la main sur le loquet.

« Pardonne-moi si tu le peux. »

Puis il baissa le loquet et ouvrit la porte en grand. Il appela doucement dans la nuit : « Entrez, entrez… Enda vous attend. »

10.

Au cours de l'après-midi, alors qu'il était en train de lancer depuis la partie aval du parcours, il vit en se retournant les dégâts produits par ses efforts de la journée : la berge n'était plus que bruyère écrasée et ajoncs piétinés : les ravages du désir.

Quel spectacle ! (il pourrait tout à fait y trouver matière à un sermon édifiant). Tout pêcheur qui se respecte sait bien que les échecs d'aujourd'hui préparent les réussites de demain. À l'inévitable « Pauvre fou ! » qu'il lirait dans le regard de Seamus et au « Je vous l'avais bien dit » que ne manquerait pas de lui adresser bêtement Thomas, il répondrait, au premier : « Ça sera pour une autre fois, Seamus », et à l'autre : « À la saison prochaine, Thomas. Note-le dès aujourd'hui, je veux un parcours pour le premier samedi de la saison. » (À placer dans le sermon, ça aussi : comment une date précise trahit l'intention de récidiver.) Et il ne manquerait pas de le répéter : « Tu le notes bien, Thomas. Au printemps prochain, le premier samedi de la saison : avec l'aide de Dieu, nous aurons plus de chance... »

Et puis il se revit la veille au cimetière, juste après l'enterrement de Kevin, devant le monticule de terre qui marquait l'emplacement de la tombe. Enda lui glissait à l'oreille : « Vous voudrez bien me raccompagner à la maison, mon père ? » Et, comme il lui faisait signe que oui, il comprit qu'en se rapprochant ainsi de lui elle se mettait sous sa protection et l'indiquait à tous ceux qui s'attardaient encore. Ne voyant plus aucune raison de traîner, chacun se dirigea alors vers sa voiture pour reprendre le fil un moment interrompu du cours de sa vie. Et ils s'étaient retrouvés seuls tous les deux, sous le ciel chargé de nuages lourds...

La terrible scène du jour précédent l'avait contraint à s'interroger sur le sens de sa propre vie à la lumière de la mauvaise action qu'il avait commise envers elle. Il ne trouvait pour la qualifier que l'imprécation passionnée qu'il lui arrivait souvent de lancer du haut de la chaire : *Le péché de faire d'autrui l'objet de son propre fantasme.*

L'humiliation, la honte, les morsures du remords, tout cela était largement dominé par la douloureuse pensée qu'il ne serait désormais pour elle qu'un prêtre équivoque et sans grandeur.

Le lendemain de la veillée funèbre – ça devait donc être avant-hier – il était allé la voir, torturé par la souffrance, mais elle était entourée d'une véritable barrière de femmes qui la serraient de si près qu'elle n'avait même pas pu se lever de sa chaise quand il était entré, prisonnière du réseau de leurs jambes, de leurs mains, de leurs tasses de thé et de leur bavardage où elles comparaient ce qui se passait là à d'autres deuils, à d'autres morts. Comme un écran, cette assemblée funèbre semblait l'avoir empêchée de le voir, l'avait rendue insensible à sa présence. C'est Catherine McPhillemy qui l'avait pris en charge, et il n'était resté que quelques instants, à peine le temps d'échanger quelques mots.

... Hier, en revanche, devant la tombe de Kevin, les choses avaient été bien différentes... Ils s'étaient retrouvés là, immobiles, comme des statues au milieu des croix et des tombes, et puis, comme si elle revenait à la vie, Enda avait lentement porté les mains à son cou pour desserrer doucement le nœud du châle de laine noir qui lui couvrait la tête. Elle avait ainsi livré au caprice du vent qui venait de se lever les mèches rebelles qu'une natte serrée ne parvenait pas à contenir, et dans la lumière lavande projetée par les nuages, elle lui apparut merveilleusement belle. En la regardant – car honnêtement il ne pouvait s'empêcher de la regarder, surtout dans l'état d'angoisse où il était – il se revit, jeune homme encore libre de tout engagement, en train de contempler, dans un livre qu'on lui avait prêté, la photographie d'une statue de pierre récemment découverte dont les traits profonds et terriblement suggestifs étaient ceux d'une femme de temps très anciens. C'est alors qu'il avait ressenti pour la première fois le sentiment écrasant de voir sa vie lui échapper dans cette course perdue d'avance qu'est l'existence.

« Vous avez l'air épuisé », lui fit-elle doucement.

Éperdu de chagrin, il répondit : « Oui, c'est vrai. »

Il reçut comme une grâce l'occasion qu'elle lui avait donnée de pouvoir en faire l'aveu. Mais cette générosité ne l'aidait guère : la vivacité de son regret avait tout de suite cédé la place à une mortelle apathie : que lui importait le présent quand son avenir, à l'image de son passé, ne pourrait jamais rien produire de bon ? Il se comparait à l'aubépine tourmentée, fragile et incertaine, près de laquelle ils se tenaient (le cercueil de Kevin allait bien plus profond dans la terre que ses racines).

Elle avait vu son regard. « Vous avez l'air étonné que cette plante puisse vivre », dit-elle d'une voix faible. Et, comme il ne répondait rien : « Vous savez, hier, quand vous êtes venu, et qu'on n'a pas pu parler… »

N'ayant même plus assez d'énergie pour s'en soucier, il l'interrompit d'un geste qui écartait la question : « Ça n'a pas d'importance.

– Mais si, répondit-elle. C'est important entre nous. » Puis avec une ferveur candide qui les mettait à égalité, elle ajouta : « Nous avons besoin l'un de l'autre. »

À ces mots, il se sentit envahi par la multitude des sensations contraires qu'éprouve l'homme à qui on vient de sauver la vie : timidité, manque de confiance en soi, effroi de la délivrance, soulagement, mutisme, inquiétude. La bible qu'il tenait fermement se mit à trembler dans sa main.

Elle scrutait avidement son visage. Elle fit alors un pas vers lui, ébaucha un mouvement qu'elle interrompit d'abord avant de se décider à le poursuivre : sa main vint se poser délicatement sur son visage, écrasant sur le tendre de sa joue l'humidité d'une larme.

Une bourrasque soudaine vint gonfler sa chasuble. « N'allez pas prendre froid », lui dit-elle.

Il avait enfin trouvé son mouchoir. « Toi non plus, fit-il en s'essuyant les yeux.

– Oui, on ferait mieux de s'en aller.

– Enda… » commença-t-il, aussitôt interrompu par une nouvelle vague d'émotion.

– Elle hocha la tête. « N'en parlons plus, dit-elle d'un ton ferme.

– Mais il faut que je…

– Non. » Elle se pencha et cueillit un brin de bruyère qu'elle posa sur la tombe de Kevin. « Allons-nous-en », dit-elle.

Ils marchaient lentement, descendant prudemment vers la sortie du cimetière en contournant les pierres tombales, les croix et les touffes d'ajoncs. Après le départ du cortège funéraire qui les avait dispersés, les moutons se regroupaient doucement, recommençant à brouter.

« Ceux-là… » Sa voix était pleine de tolérance et empreinte de tendresse : « … ils ne savent pas, eux. »

Une fois sur le plat de la route, il ouvrit pour elle la porte de sa voiture, puis fit le tour pour s'installer au volant. Il mit le contact, et démarra.

« Si j'étais plus jeune, j'apprendrais à conduire une voiture comme ça, dit-elle. Mais c'est trop tard maintenant… Et puis ce serait vraiment du gâchis avec le vélo à trois vitesses que Kevin m'a acheté l'année dernière. »

Ils roulèrent en silence jusqu'à ce qu'il quitte la grand-route pour prendre le sentier qui descendait chez elle. À mi-chemin il lui dit : « Je vais à la pêche au saumon demain. C'est le dernier jour de la saison.

– C'est votre dernière chance, alors. »

Il acquiesça.

Une fois devant la maison, elle se glissa hors de la voiture. Le vent joua à nouveau avec ses cheveux. Elle lui dit : « Je serai à la première messe dimanche matin, comme d'habitude. Et pour demain, mon père, pour la pêche, je suis sûre que la chance sera avec vous. »

Il n'avait pas coupé le moteur. « J'y compte bien », réussit-il à dire.

Elle repoussa doucement la portière, puis elle y appuya la hanche pour la fermer le plus délicatement possible.

Dans son rétroviseur il la vit continuer à lui faire signe jusqu'à ce qu'il ait disparu.

11.

Cinq heures: plus qu'une demi-heure avant la demie, puisque c'est à cinq heures et demie qu'il avait décidé de quitter le parcours pour passer au château régler sa note. Quelle folie de rester jusqu'au bout! Pas question cependant de partir plus tôt : continuer à lancer; continuer à désirer. Le désir. Tout s'était pourtant conjugué aujourd'hui pour en venir à bout. Pas une fraction de seconde de répit : la pluie n'avait cessé de déverser l'encre fluide du ciel noir; le vent de souffler ses bourrasques féroces; la rivière en crue de rouler, toujours plus vite, toujours plus haut, ses flots chargés de vase; les inévitables moucherons s'étaient ingéniés à inventer de nouvelles tortures et les brumes fantomatiques avaient noyé le tout dans les voiles amorphes du chagrin. Oui vraiment, tout s'était ligué pour venir à bout de son désir. Mais rien n'est vraiment assez fort pour en extirper toute trace du cœur d'un pêcheur digne de ce nom.

Alors, pourquoi ne pas essayer la *Hairy Mary* ? Ça ne

donnerait rien, mais ça lui permettrait de clouer le bec à Seamus en toute bonne foi, si jamais celui-ci ramenait un de ses « ah, si seulement... ». Les conditions étaient si mauvaises qu'il avait passé l'après-midi à remplacer une mouche par une autre un peu au petit bonheur : *Black Fairy*, *Abbey*, *Night Hawk*, *Silver Wilkinson*, *Warden's Worry*... Alors, en effet, pourquoi ne pas terminer avec la *Hairy Mary* ?

Il prit sa luxueuse boîte à mouches délicatement doublée de peau de mouton et l'ouvrit avec précaution, se penchant pour la protéger de la pluie. Non sans humour, il l'avait baptisée « le Trésor du père Declan » car, vu ce que lui coûtaient les raffinements sophistiqués de ces imitations d'insectes et hexapodes à la beauté exotique, elle représentait l'essentiel de ses biens en ce bas monde. C'était même *hors de prix* pour le budget d'un prêtre dont les finances étaient aux antipodes de l'opulence...

Voyons, la *Hairy Mary*... ah, elle était bien à sa place, nichée dans son écrin de laine... La prendre, la monter, retourner sur la partie amont du parcours pour lancer à nouveau dans le lit de la rivière...

En cours de route – il y avait un bout de chemin à faire le long de la berge glissante – il leva les yeux et aperçut une crécerelle en arrêt dans le ciel détrempé. Il pensa à Kevin, et à son admiration pour cette créature libre et sauvage. L'oiseau s'attardait au-dessus de lui, apparemment intéressé : Ariel observant Caliban, pensa-t-il... Pour la première fois ce jour-là, il eut alors conscience d'être en contact avec ce qu'il y a d'immuable dans la nature, et cette perspective rassurante réussit peu à peu à l'apaiser.

Une fois sur place, il décida de s'installer sur un surplomb connu localement sous le nom de Roc de Gorham, en hommage à un certain Timothée Gorham qui quarante ans plus tôt y avait réussi la capture d'un saumon de trente-trois livres, accédant ainsi, et le rocher avec lui, à l'immortalité. Il faut dire que M. Gorham avait opéré ce jour-là dans des conditions climatiques bien différentes puisque, selon la légende, il avait eu droit, non pas à cette tempête, mais à une petite brise d'est, juste ce qu'il fallait pour rider la surface de l'eau ; non pas à ce bouillonnement glacé de la rivière en crue, mais à ce qu'on peut rêver de mieux comme température de l'eau et comme profondeur. Enfin, au lieu de ce bain de vase chargé d'épaves, il avait bénéficié d'une eau pure aux reflets roux de bière légère. Il se surprit ainsi à maugréer : c'était, il en avait conscience, une façon de se préparer à rentrer bredouille. Mais, par respect pour la mémoire de Timothée Gorham, il décida de mettre tout ce qui lui restait de forces dans cette dernière bataille. Et c'est ce qu'il fit, lançant et ramenant dans son style le plus pur, en pêcheur de stricte obédience.

À cinq heures et demie, les muscles du ventre endoloris comme si on l'avait roué de coups et les dents qui claquaient comme des castagnettes à cause du froid, il décida qu'il avait eu son compte : il rembobina toute sa ligne et fixa la *Hairy Mary* à l'anneau prévu à cet effet sur sa canne à pêche.

Il était prêt à rentrer maintenant, il était vraiment allé au bout de ses forces.

Mais au moment où il quittait les bords de la rivière, la pluie se mit à cingler plus fort encore, redoublant de violence, et il dut courir se réfugier sous l'abri précaire des branches basses et du feuillage épais d'un orme blanc. Trempé comme il l'était déjà, il aurait aussi bien pu patauger quelques instants de plus dans ce déluge et regagner au plus vite le confort de la cabane des ghillies, plutôt que de rester sous cette espèce de parapluie plein de trous. Mais la vérité c'est qu'il préférait courir le risque de se noyer, mais seul, au confort de la cabane en compagnie de Seamus. Essayez donc de lui faire rejoindre la voiture sous de telles trombes d'eau, à celui-là ! Il l'entendait déjà : « Attendez un peu, mon père ! Vous n'allez tout de même pas vous faire rincer encore une fois... » Ah non, de grâce... Tout plutôt que se retrouver seul avec ce Seamus.

Mieux valait donc rester ici, seul, sous ces mêmes branches où trois ans plus tôt il était venu chercher ombre et repos après la prise d'un magnifique saumon de douze livres. C'était Frank Seldon son ghillie ce jour-là. Une perle d'homme ce Frank, à plus de quatre-vingts ans : amical, affable, et même lyrique dans ses propos, et puis un vrai dieu de la mouche ! Eh oui, Frank... il était mort maintenant. Et Thomas qui voudrait vous faire prendre des incapables comme ce Seamus pour des ghillies...

En hommage à Frank, il choisit de démonter sa *Hairy*

Mary et de la remplacer (c'était pure fantaisie) par une *Connemara Black* numéro 12. En effet, Frank lui avait dit un jour qu'après une journée infructueuse au bord de l'eau, il ne partait jamais en laissant sur sa ligne une mouche qui n'avait rien pris. « Oui, c'est de la superstition, avait ajouté Frank, une façon de réserver l'avenir. » Et avec un fin sourire : « À mon âge, vous savez, ce genre de chose, ça compte ! »

Alors, puisqu'il avait décidé d'attendre sous l'arbre, autant mettre en pratique les conseils du vieux Frank.

Après avoir changé de mouche, il était là à grelotter, le vague à l'âme, quand son esprit prit peu à peu conscience du fait (c'est ainsi que plus tard il devait en parler, comme d'un *fait*), du fait donc, que l'anse formée par la rivière, à sa droite, *n'était pas* ce qu'elle était d'habitude – un simple obstacle à contourner pour le pêcheur – mais un véritable lac, inondé à souhait, *profond*, tout agité de vagues et où, comme le bouillonnement d'une écluse, se précipitait l'écume tumultueuse des eaux de la rivière.

En temps normal, il n'aurait jamais vu là qu'une conséquence des conditions diluviennes du moment et, en aucun cas, un refuge pour un saumon. Mais, une fois de plus, un caprice vint l'aiguillonner : après une journée entière à lancer et relancer dans la rivière, pourquoi ne pas essayer de changer de décor, pourquoi ne pas lancer ici, dans cette anse, justement ? Et pourquoi pas avec sa *Connemara Black* numéro 12 tant qu'il y était ? Un coup, un seul, histoire que ces eaux ne restent pas vierges…

Il jeta un coup d'œil sur sa montre. Cinq heures quarante-trois. La pluie faiblissait un peu…

Sans vraiment s'en rendre compte, il était passé à l'acte : il avait quitté l'arbre pour prendre position à mi-chemin entre le goulot de l'anse et le début de la courbe qui en délimitait le fond.

Une heure plus tard, de retour au château, il était le centre du cercle étroit d'une foule envieuse de pêcheurs et de ghillies épuisés et bredouilles en fin de journée. Tous buvaient force whiskies à sa santé pour lui extorquer (ah, quelle douce chose que le triomphe !) tous les détails de la capture d'un tel monstre. Et il leur répétait qu'il n'avait vraiment aucune idée, mais vraiment pas la moindre, de ce qui avait bien pu lui prendre pour risquer un coup pareil : un temps épouvantable, pas une chance sur un million qu'un saumon aille élire domicile dans ces eaux-là et, pour couronner le tout, une *Connemara Black* numéro 12 au bout de sa ligne, vous vous rendez compte, une mouche à truite ! Et puis en plus, juste au moment où il allait lancer, comme si les conditions n'étaient pas encore assez folles comme ça, le vent s'y était mis lui aussi, renonçant dans une volte-face satanique à souffler du nord-ouest ses longues rafales régulières pour se mettre à cracher de brèves bourrasques imprévisibles et violentes qui labouraient la surface des eaux de l'anse comme les griffes d'un tigre, la transformant en un chaos de creux et de bosses qui rendaient absolument impossible d'évaluer la longueur d'un lancer. Au point qu'il avait failli renoncer, trempé et glacé jusqu'à la moelle des os, épuisé de fatigue, incapable d'affronter ne serait-ce que l'idée d'une soie qui répond mal ou, pire encore, la malédiction d'une perruque à démêler. Pour tout dire, et au risque de se répéter, devant la comparaison entre les aléas d'un lancer honnête et cette folie avec la *Connemara Black*, il était prêt à renoncer. Mais à ce moment-là, poussé par une force qui le dépassait, il avait lancé. Il y avait été obligé, c'est ça, forcé, impossible de s'y soustraire. Un véritable devoir sacré ! Et il fallait bien admettre qu'il n'avait pas tout donné dans ce lancer ; il s'était contenté de lever sa canne et de laisser filer la ligne, sans plus.

Et, comme on pouvait s'y attendre, ça avait été un lancer médiocre. Pourtant – ah les mystères de la pêche… – pour un lancer aussi mauvais, la présentation était parfaite, la soie s'était déroulée magnifiquement et la *Connemara Black* s'était posée à la surface de l'eau avec une délicatesse et un naturel… impossible de rêver mieux.

Et aussitôt – oui, tout de suite – le poisson avait fait un bond hors de l'eau. Engourdi comme il l'était, ça lui avait fait l'effet d'une gifle, de quoi vous donner une crise cardiaque ! Et par une sorte de réflexe du poignet, c'est toujours le poignet qui vous trahit dans ces cas-là, il avait relevé sa canne d'un coup sec mais, Dieu soit loué ! sa ligne avait assez de mou pour que le geste soit sans effet sur l'immobilité de la *Connemara Black* à la surface de l'eau. Et alors, doucement, doucement à en mourir, avait commencé le jeu de ramener.

Quand l'animal avait fini par se décider, il n'avait pas

mordu franchement, avec enthousiasme. Pas du tout. Il avait pris par en dessous, comme à la sauvette, après avoir donné un petit coup de nez sur la mouche. Mais il avait mordu, ça il en était *sûr* : dans un premier mouvement de panique, la bête avait fait un tour complet sur elle-même, il en avait vu le remous à la surface de l'eau en même temps qu'il avait eu la sensation que sa canne devenait plus épaisse entre ses mains. Rester attentif au détail de cette sensation, surtout ne pas se précipiter : laisser à l'animal le temps d'amorcer sa fuite – ça prendrait environ huit mètres de soie – avant de le ferrer, c'est-à-dire d'accomplir ce double geste rapide et précis du poignet qui lance la canne vers le ciel pour tendre la ligne pendant que l'autre main enclenche le frein du moulinet, geste par lequel il réussirait – maintenant ou jamais – à fixer l'hameçon dans la mâchoire du saumon furieux. « Bien sûr. *Bien sûr*, mon vieux ! » hurla-t-il impatiemment au Gallois aux grosses bajoues, pour réussir ça il aurait fallu une mouche à saumon, et surtout pas une *Connemara Black* numéro 12 avec son ardillon minuscule spécialement étudié pour la bouche délicate d'une truite de mer ! Il avait donc fallu ne plus penser à la *Connemara Black* et continuer comme si de rien n'était. Et, pour régler son compte au Gallois : « Je n'avais pas le choix. »

Il fallait comprendre que le théâtre des opérations présentait une difficulté supplémentaire : si le lit de la rivière et ses ressources pour un saumon n'avaient plus aucun secret pour lui, il n'avait en revanche aucune idée, non vraiment, pas la moindre, de la nature du terrain au fond de l'anse, souches, branches, rochers aux arêtes tranchantes, lits d'ajoncs… bref, de tout ce qui était susceptible d'offrir un abri naturel à un poisson dans ces eaux tourmentées et boueuses pour lui permettre d'entortiller la soie, de la casser et de se sauver. C'est d'ailleurs ce qui avait rendu particulièrement délicat le contrôle de la bête…

« Ça vous a pris combien de temps ? demanda un des Américains.

– Un peu plus de trente-cinq minutes. » Et… jusqu'aux dernières secondes, pour garder le contrôle de la bête, il avait dû tenir sa canne exceptionnellement haut au-dessus de sa tête, position d'autant plus mauvaise pour un bon maniement du moulinet que le monstre était spécialement pugnace (d'une force diabolique, il avait bien failli briser la canne à deux reprises). Alors, se servir du frein avec les doigts engourdis et les bras à moitié déboîtés, ça avait été quelque chose ! Il montra sa langue à Thomas : « Elle est à vif, non ? mordue de partout ? » car Thomas savait que quand il ramenait un poisson, c'était un « mordeur ».

Tout près de la fin il avait eu un moment d'angoisse : l'animal avait soudain cessé de lutter… Il s'était *assagi*, laissant du mou dans la ligne et la canne s'était redressée, pas complètement, mon Dieu non, pas à ce point-là quand même ! Mais de quoi vous couper le souffle, le temps de sentir à nouveau une *tension* sur la ligne. Non, pas les violentes saccades du début, mais une tension, comme un poids…

« Il devait commencer à fatiguer, interrompit Thomas,

une étincelle dans le regard. Et je parie qu'à ce moment-là vous avez été bien content d'avoir Seamus avec vous, pas vrai ? » Il prit un air important et confia sur le ton de la confidence à tous ceux qui faisaient cercle autour d'eux : « Au téléphone, hier, le père Declan m'avait dit qu'il ne voulait pas de ghillie... Avec la prise qu'il vient de faire – vous avez vu la *taille* – on voit bien qu'on a raison au château d'exiger qu'il y ait un ghillie sur chaque parcours, et vous vous rendez compte de ce que c'est comme responsabilité d'avoir à faire respecter cette règle.

– À ta santé, Thomas.

– *Eh bien,* mon père ?

– Eh bien, Thomas ?

– Eh bien, vous n'étiez pas content d'avoir Seamus avec vous ?

– Eh bien... si. C'est lui qui est entré dans l'eau avec l'épuisette... »

Inutile de dire devant tout le monde comment Seamus s'en était débrouillé de l'épuisette. D'abord il avait fallu l'appeler au moins cinq fois en hurlant son nom pour qu'il quitte la cabane et daigne s'aventurer sous la pluie, sans l'épuisette qui plus est ! Il faut dire qu'il était reparti comme un lièvre dès qu'il avait compris pourquoi on l'avait appelé... Une fois muni de l'épuisette, le garçon n'était même pas au courant qu'il fallait y mettre un poids : « Une *pierre*, Seamus ! Ça, un ghillie ? Tu parles ! Pas celle-là, *la grosse à côté*, oui, METS-LA DANS L'ÉPUISETTE, bon dieu !.... Pourquoi ? Mais pour la maintenir dans l'eau pardi ! » Il avait donc été forcé de hurler comme un forcené, violant ainsi le silence religieux qui préside normalement à la phase finale d'une prise…

Pas la peine non plus de leur expliquer comment, au moment où le poisson faisait surface, avec ses magnifiques reflets d'argent, il avait fallu tout lui dire à ce Seamus : « Rentre dans l'eau mon gars. *Vas-*y, *rentre dans l'eau !* Je ne peux pas l'amener plus près », il avait fallu ces paroles, lancées les dents serrées, pour qu'il se jette à l'eau mais, tête en l'air même dans sa hâte d'obéir, il n'avait (évidemment) pas pris garde où il mettait les pieds et il avait glissé (évidemment) et s'était mis à donner du gîte, la tête de travers, la bouche tordue par un juron, les bras raides et tendus comme un épouvantail, mais (il fallait bien lui rendre cette justice) sans lâcher l'épuisette. On aurait cru à un tableau vivant, l'incarnation de l'immortel chef-d'œuvre de O'Callaghan, « La mort du jeune soldat »…

Et quand il avait enfin, Dieu seul savait *comment*, réussi à retrouver son *équilibre*, dans l'eau jusqu'à la taille, grimaçant comme un singe, la fureur de Declan de Loughry l'avait atteint de plein fouet, le faisant pâlir de surprise et de terreur : « Je te préviens, Seamus, si jamais tu me fais manquer ce poisson, espèce de ghillie à la manque, je t'étrangle de mes propres mains ! Écoute-moi bien, maintenant… Je vais ramener une dernière fois ; dès que tu le vois, tu le prends avec l'épuisette par en dessous. Oui, *par en dessous. Et par-derrière*, tu m'entends ?…. Un geste large… et ne *lâche* surtout pas l'épuisette ! *Tiens-toi prêt*, Seamus on y va ! »

Le reflet d'un ventre.

« *Vas-y*, Seamus ! Pour l'amour de Dieu, vas-y ! »

Ça, il l'éructa comme un ordre. Après quoi, le pêcheur et le poisson s'engagèrent dans la lutte, séparés par l'enjeu du combat, mais unis par un destin commun.

Le poisson dans l'épuisette, bientôt sur l'herbe.

Vite fait, bien fait, la mise à mort : un coup, un seul, sur le centre vital du cerveau de la bête.

La bête reposait maintenant sur la fougère détrempée.

C'était un mâle, d'âge royal d'après sa laitance : une masse de la taille d'une défense de morse.

Dans un souffle, Seamus chuchota : « Des comme ça y en a pas eu cette saison. » Puis : « On dirait que vous ne vous sentez pas bien, mon père.

– *Tu crois*, Seamus ? Pour tout te dire, eh bien il suffirait qu'une feuille me tombe dessus maintenant pour que je m'écroule ! » Il se mit à rire. « Grand Dieu, tu as vu cette taille ! »

(Thomas l'avait pesé : vingt-quatre livres et dix onces !) « Et maintenant, mon père, si vous voulez bien le tenir un peu, je vais faire une photo – c'est juste pour les archives du château, vous savez. »

Il ne lui était pas venu à l'idée que cette photo, Thomas pourrait l'envoyer, en même temps que le négatif, à l'*Irish Times*, et qu'elle paraîtrait cinq jours plus tard, grandeur nature, pour ainsi dire. Ce qui expliquait le mot de son évêque un peu plus tard : « Content de vous voir devenu une notoriété sportive. Gardez-en un morceau au congélateur pour ma prochaine visite. J'apporterai le vin… »

12.

Rien n'exacerbe autant la sensation de profonde solitude qu'un long trajet de nuit en voiture sous une pluie battante et dans un épais brouillard.

Plié sur le volant de sa vieille Ford, il avait l'air d'une tortue avec son col de celluloïd qui lui projetait la tête en avant. Dans le va-et-vient monotone des essuie-glaces, ses yeux absorbés par la lumière trouble des phares s'efforçaient de ne pas perdre de vue la route étroite et sinueuse qui disparaissait et réapparaissait devant lui comme un ruban sombre dans la main d'un prestidigitateur, tantôt visible, tantôt non, selon le caprice du brouillard...

De quelle terrible façon sa joie était retombée tout de suite au moment de quitter le château pour prendre la route. L'exaltation de toute son aventure avait d'un seul coup laissé la place à un violent accès de désespoir dû (il fallait bien l'admettre) au fait fort peu réjouissant qu'au bout de la longue route ne l'attendait que le vide dense et lugubre d'un presbytère aux murs suintants d'humidité, aux fenêtres sans lumière, aux grandes pièces froides et sans vie où, pour le précéder dans sa chambre glaciale, il ne trouverait que la vapeur spectrale de sa propre haleine. Quelle... absence de vie, à côté de ce qu'il aurait aimé savoir l'attendre, et qu'il se représentait de façon si vive : une fenêtre éclairée, une présence qui veille, une voix qui vous accueille avec ces questions simples, nées de l'absence : « Tu vas bien ? », « Tu as fait bonne route ? », « Comment ça s'est passé ? »

Les déserts de la solitude...

Il devrait prendre un chien, un petit chiot, intelligent et vif, dont il saurait faire un compagnon agréable et fidèle, qui viendrait se promener avec lui, à pied ou en voiture, qui dormirait au pied de son lit et le réveillerait le matin en remuant la queue, un petit chien affectueux, gentil, distrayant. Il le voyait déjà : un petit fox-terrier, un Jack Russel au pelage moucheté brun et blanc, tout guilleret, vif et indépendant mais toujours prêt à se laisser caresser. « Le petit chien du père Declan » diraient les mamans à leurs enfants, pour les rassurer quand ils s'avanceraient pour le caresser, pour qu'ils n'aient pas peur d'être mordus. « C'est celui du père Declan » : ces mots seraient la garantie qu'il se tenait bien et n'allait pas inonder le tapis... Y a-t-il des principes qui s'opposent à ce qu'un prêtre ait un chien ? L'évêque n'en a pas, ça c'est sûr. Et les prêtres d'une soixantaine d'années qu'il connaissait ? Y en avait-il parmi eux qui aient un chien ? Le père Patrick Joyce à Galway avait bien un horrible chat perclus de rhumatismes et tout édenté, mais c'était moins étonnant à Galway qu'ici à Roonatellin, étant donné que là-bas les curés font la loi...

Mais il y avait surtout Mme Duggin, qui passait faire le ménage et la lessive en vitesse, ainsi que la cuisine (encore plus vite). (Penser à lui rappeler encore une fois que de temps en temps à midi il aimerait bien un morceau de viande ou de poisson qui ne soit pas réduit à un bout de charbon calciné et un plat de légumes un peu moins bouillis que du linge qui sort de la lessiveuse.) Un chien, Mme Duggin ne pourrait jamais s'y faire... Il l'entendait déjà : « L'aspirateur est plein de *poils*, mon père, *de poils de chien.* » Elle n'arrêtait plus, la main sur ses rares cheveux, elle poursuivait d'une moue désapprobatrice : « Ce n'est pas que je me plaigne d'avoir trop de travail, mais des *poils de chien*... »

Était-il donc condamné à toujours céder aux Mme Duggin ? à n'avoir de souhaits que sublimés ? Comme en ce moment même il sublimait (en enterrant, ou en s'efforçant de refouler) le souhait (surtout, éviter le mot *désir*) de partager avec quelqu'un ce jour unique-dans-sa-vie, ce jour exceptionnel, ce jour aux vingt-quatre-livres-et-dix-onces d'imprévu dont la présence dans le coffre de sa voiture provoquait ce grincement continu du moteur (c'est en tout cas ainsi que son orgueil de pêcheur lui faisait interpréter le bruit)...

Tout cela était bien innocent, ce n'était jamais qu'un souhait, voilà tout.

Pas si innocent que ça, car tout de même – n'ayons pas peur de le reconnaître – au cœur même de ce souhait, ce qui en faisait la substance, c'était elle : Enda.

Comme un soleil, son nom vint occuper un moment ses pensées, mais pas très longtemps, car il y avait un revers à la médaille : la culpabilité. Sa vocation lui interdisait cette attirance, cette affinité pour un être mortel... Comment pouvait-il même oser avoir de telles *pensées* ? Et de tels *sentiments* !.... Il finirait dans les couloirs interminables d'une de ces paisibles cliniques pour ecclésiastiques zinzins – comme ce prêtre près de Limerick qu'on avait cessé de voir à la messe et qu'on avait fini par retrouver enfermé dans sa salle de bains, parlant tout seul au milieu de ses vêtements sacerdotaux, lacérés de coups de ciseaux, en tas à ses pieds... Et quelle forme prendraient les coups de ciseaux de sa folie à lui avant qu'on ne l'enferme pour le soumettre aux vertus thérapeutiques des travaux manuels (vannerie ou épluchage des patates pour la soupe de midi) et plus tard, quand il irait mieux, quand il aurait un peu « retrouvé ses esprits », à l'arrosage des pots de fleurs...

Résister.

La prêtrise est la conscience du monde.

Il dit à haute voix « *Résister* » puis il décida, *crac !* comme ça, d'un coup : NON !

C'était si simple ! Pas de lutte ! Au lieu des crocs acérés de l'ennemi attendu, au lieu de la terrible explosion que devait entraîner l'implosion de sa volonté, ce fut une détermination tranquille ; pour une fois dans sa vie, au terme de cette journée si particulière, il allait enfin faire ce qu'il voulait...

Si ce damné brouillard lui en laissait la possibilité...

car il y avait encore de sérieux obstacles : le brouillard, la pluie, les risques d'inondation dans la vallée de la Maam, sans parler des glissements de terrain, chutes de pierres, ou pire encore, dans une nuit pareille, propice à toute sorte d'événements et de calamités surnaturelles…

Dans le meilleur des cas, il lui faudrait au moins deux heures. Et s'il y arrivait, s'il réussissait à faire le trajet dans les temps, y aurait-il toujours (ah, terrible question !) de la lumière à la fenêtre d'Enda ?

Il prendrait donc le risque d'aller plus vite, au mépris des virages et des ornières !

Soit !

Par miracle il n'eut à s'arrêter qu'une seule fois. Pour éviter une vache d'un blanc immaculé, couchée en travers de la route étroite. Le pare-chocs presque dessus, il avait dû klaxonner pour la faire se lever. Enfin debout devant le capot de la voiture, cette masse imbécile et immobile d'une tonne de muscles lui faisait face et le dévisageait. Quelle tête ! La tache humide, gluante et noire de son mufle, la longueur et l'épaisseur de ses cils de neige, son regard buté, les oreilles ourlées de rouge de chaque côté d'un front énorme, le front lui-même si peu prometteur, si désespérément vide de toute promesse… Il éclata de rire puis il baissa sa vitre et se mit à lui parler à travers la pluie : « Allez, bouge-toi, ma jolie, c'est ça, va-t'en, ma belle ! » Mais elle restait là, inerte, indifférente. Il recommença à klaxonner… L'animal continua à le fixer de son œil morne avant de s'écarter d'un pas lent, marquant par les ondulations de sa croupe le mépris dans lequel elle le tenait. Il la regarda traverser le fossé entre le bord de la route et le pré, mythe blanc sur fond de tourbe noire. Et puis, en un instant, comme les ailes d'un papillon de nuit, le brouillard l'absorba, elle avait disparu.

Il cligna des yeux, imaginant l'animal, esprit immense et lumineux dans l'espace invisible d'outre-brumes.

Même cet arrêt serait quelque chose qu'il pourrait partager avec Enda.

Il n'était pas tout à fait neuf heures et demie quand il quitta la route et s'engagea sur le chemin qui descendait en serpentant vers la mer, vers la maison d'Enda. S'il y avait de la lumière chez elle, il donnerait un coup de klaxon pour la faire venir à la porte. Sinon, il repartirait...

Il venait de s'engager dans le chemin quand la pluie cessa brusquement, comme lorsqu'on coupe un robinet. Il baissa sa vitre et reçut en plein visage une bouffée bienfaisante d'air marin chargé de sel et de vent du large. La lune et les étoiles n'allaient pas tarder à paraître, « dans quelques minutes », se dit-il.

Il roulait le plus lentement possible maintenant, pour ne pas faire de bruit, et aussi à cause de l'état du chemin, mis à mal par la tempête. Il réveilla trois moutons endormis qui détalèrent aussitôt. Devant lui, entre les haies dégoulinantes le chemin était jonché d'un tapis rouge : les fuchsias arrachés par le vent. Juste avant la maison de Catherine McPhillemy, il baissa ses phares et mit le pied sur le frein : il s'attendait à voir surgir le chien, prêt à attaquer les roues. Mais rien, même pas un aboiement ; le chien, comme la maison de Catherine, avait tiré les rideaux.

La maison d'Enda aussi, songea-t-il le cœur défaillant. Tout sera éteint ; je vais trouver porte close.

Son esprit chancela à la pensée que ce n'était qu'hier – oui, hier seulement ! – qu'il avait pris ce chemin en sens inverse, battant en retraite. Mais ça, c'était *après*. Après tant de choses : après la mort de Kevin ; après les révélations d'Enda sur Kevin et elle ; après le choc et la morsure de son péché contre elle ; après la messe funèbre et l'enterrement de Kevin ; après le pardon tacite d'Enda dans la solennité du cimetière ; après... Après tous ces après qui ramènent au passé. Et aujourd'hui, avait-il atteint la crête de la vague dont parle le poète, ce moment crucial où elle déferle enfin sur l'avenir, cet après-là ?

Il le croyait.

Pourtant, en découvrant la fenêtre éclairée, il sentit son sang se figer : il aurait voulu fuir.

Mais sa main, sans en attendre l'ordre, avait déjà klaxonné à deux reprises.

Il n'avait jamais jusqu'ici eu de difficultés particulières à se séparer des gens ; les adieux pour lui faisaient partie d'un plan plus vaste et, comme tels, ils ne l'avaient jamais particulièrement troublé. Mais maintenant, il pouvait à peine supporter d'avoir à attendre l'instant où il serait accueilli.

Elle parut à la porte. Ses yeux fouillèrent la nuit.

Il l'appela : « Enda !

– Vous ! » Elle lui fit un rapide signe de la main puis elle attrapa son châle, accroché à côté de la porte, et courut vers lui. « Mon père… »

Il avait ouvert la portière mais sans quitter la voiture. « Enda… »

Elle se tenait près de lui, toute proche, ses grands yeux humides en harmonie avec les reflets des flaques d'eau que la pluie avait laissées entre les pierres de la cour, et le parfum de ses cheveux noirs, défaits comme pour ajouter aux senteurs de la nuit.

Il se sentit sans force. « Si je n'avais pas vu la lumière je n'aurais pas klaxonné, lança-t-il, maladroit, mais comme j'ai vu de la lumière… » Il s'arrêta pour essayer de retrouver ses esprits : « J'arrive de la pêche… Et toi Enda, tout va bien ? » Il la regardait comme s'il avait voulu graver le moindre de ses traits dans sa mémoire. Elle hocha la tête.

« Je voulais en être sûr. C'est dur pour toi, je sais, d'être seule…

– Oh, répondit-elle, soutenant son regard, être seule, ce n'est pas grave. Ce qui me manque c'est l'habitude d'être ensemble avec Kevin. Pour le reste, vous savez, d'une façon ou d'une autre, j'ai toujours été seule. Comme vous, mon père. »

À peine avait-elle dit ces mots que les nuages firent place au clair de lune. Elle leva les yeux vers le ciel et dit d'une voix profonde : « Le temps s'est dégagé.

– Oui », répondit-il, lui aussi sous le charme.

Elle détacha ses yeux du ciel pour les ramener sur lui : « Mais j'oubliais de vous demander, la pêche, comment ça s'est passé ?

– Ah ! Enda !

– Alors, ça a mordu ! Racontez-moi !

– Tu ne vas pas me croire. »

Elle sourit : « Vous vous moquez de moi ?

– *Moi ?* » Il gonfla les joues. « Est-ce que j'ai l'air de me moquer ?

– Allez, *dites-moi* », sa voix se faisait caressante.

« Je ne sais pas par où commencer.

– *Mon* père… »

Le geste du pêcheur qui vante ses exploits : « Vingt-quatre livres et dix onces !

– Non, s'exclama-t-elle en lui prenant la main. Je ne vous crois pas !

– Je t'assure… Vingt-quatre livres et dix onces ! Il est là derrière, dans le coffre !

– Dieu du ciel ! C'est incroyable ! Et les gens qui n'arrêtent pas de se plaindre que la saison a été lamentable ! » Puis, volubile : « La nièce de Catherine Bridie, vous savez, celle qui a marié Peter Martin, ils sont partis à Clifden, vous vous rappelez ? Eh bien sa belle-sœur a un neveu qui a ramené un saumon de quatorze livres d'un des lacs près de Kylemore la semaine dernière. C'est Catherine qui me l'a dit aujourd'hui même… Mais vingt-quatre livres et dix onces ! » Elle plissa les yeux de bonheur : « Demain, avant la messe, je vais dire ça à Derrick Cavanaugh. Ça va se répandre comme une traînée de poudre et attendez un peu que ça arrive aux oreilles de Liam Curley : il va pousser un hurlement qui va s'entendre jusqu'à Galway ! Lui qui a passé toute la saison à fouetter le moindre filet d'eau du pays ! Demain en chaire, vous serez Dieu le père en personne ! »

Elle le regarda, et le fou rire les gagna tous les deux, fusant de plus en plus fort ; elle, secouée comme si elle avait été sur un fauteuil à bascule et lui, plié en deux sur son volant…

Le plus gros du fou rire passé, toujours dans la joie partagée, il la regarda, détourna les yeux puis la fixant à nouveau, lui dit dans un nouvel élan : « Tu ne peux pas savoir à quel point tu es pour moi le couronnement de cette journée.

– Oh, fit-elle de son ton clair, vous et moi, nous nous ressemblons, mon père, nous avons les mêmes manques. »

Enhardi, il continua : « Tu es la seule personne au monde que je voulais voir ce soir. »

Elle resta immobile, les yeux toujours dans l'emprise des siens. Mais sur son visage éclairé par la lune, tout ce qu'un instant auparavant il y avait d'audace et de vivacité s'effaça brusquement pour faire place à une expression où se mêlaient stabilité, équilibre et profondeur et qui maintenait suspendus entre eux tous les aspects divers et merveilleux de l'impossible.

Il détacha alors les yeux de son visage, regardant au loin les ombres que dessinait la lune.

Elle lui dit : « Je suis contente que vous soyez passé. » Elle l'étudiait. Puis, tirant sur son châle : « Mais je ne vais quand même pas vous faire rester debout toute la nuit à parler ; surtout que demain c'est dimanche, votre gros jour de travail. » Elle avait toujours les yeux fixés sur lui : « Mais vous savez, je meurs d'envie de savoir tous les détails de vos exploits d'aujourd'hui, alors je vous invite à venir pour le thé lundi soir, si vos obligations vous le permettent, bien entendu. » Elle l'observait toujours. « Je vous ferai des petits gâteaux », et, comme il gardait le silence, elle lui lança : « Vous les aimez je crois mes petits gâteaux, non ? En tout cas c'est ce que vous m'avez toujours dit.

– Oui », fit-il, se sentant soudain le cœur d'un homme qui après avoir passé un temps interminable à ramer aperçoit devant lui, à travers la brume, l'abri où il va enfin pouvoir s'amarrer : « Tu sais bien que oui.

– Alors, d'accord pour lundi ? »

Il acquiesça : « Lundi. » Puis, ses yeux rencontrant à nouveau les siens : « Et tu auras droit à un bon morceau du saumon, évidemment. »

Elle eut un grand sourire. « Ça sera un vrai festin pour moi. »

Elle se recula d'un pas.

Il mit le contact puis, par-dessus le ronronnement du moteur, il lui dit : « Merci.

– Ah ! » Elle leva la main vers le ciel, comme pour souligner son propos : « Je vous le disais, nous nous ressemblons.

– Alors, bonne nuit, Enda, mon petit.

– Surtout soyez prudent.

– Oui, n'aie pas peur. »

Elle s'anima encore, pour le taquiner : « À cause du saumon, bien sûr. » Mais son visage était grave.

« J'attends que tu sois rentrée. »

Elle traversa lentement la cour. Arrivée sur le pas de sa porte elle lui fit signe.

Il lança un dernier « Bonne nuit, Enda », puis il braqua à fond vers la droite pour s'engager sur le chemin éclairé par la lune et rentrer chez lui.

Collection Arcanes

ALFRED ASSOLANT
Les Aventures du capitaine Corcoran (vol. 1 et 2)

JOHN FRANKLIN BARDIN
La Mort en gros sabots
Traduit de l'américain par Jean Benoit
Que le diable l'emporte
Traduit de l'américain par Richard Matas
Qui veut la peau Philip Banter ?
Traduit de l'américain par Richard Matas

MARY ELIZABETH BRADDON
Lady Lisle
Traduction de l'anglais, revue et corrigée par Madeleine Jodel

MAEVE BRENNAN
La Visiteuse
Traduit de l'anglais (Irlande) par Florence Lévy-Paoloni

ALBERT COSSERY
Les Fainéants dans la vallée fertile
Mendiants et orgueilleux
Un complot de saltimbanques
La Violence et la Dérision
Les Hommes oubliés de Dieu
La Maison de la mort certaine
Une ambition dans le désert
Les Couleurs de l'infamie

MARCO DENEVI
Rosa, ce soir
Traduit de l'espagnol (Argentine) par Jean-Marie Saint-Lu

PHILIP K. DICK
L'Homme dont toutes les dents étaient exactement semblables
Traduit de l'américain par Jean-Paul Gratias
Humpty Dumpty à Oakland
Traduit de l'américain par Jean-Paul Naudon

ISABELLE EBERHARDT
Au pays des sables
Journaliers

JANET FRAME
Ma terre, mon île (Un ange à ma table, vol. 1*)*
Traduit de l'anglais (Nouvelle-Zélande) par Anne Damour

JACQUES LEDERER
Sigrand et Sip'tit

DOMINIQUE MAINARD
Le Grand Fakir

BERNARD MATHIEU
Un cachalot sur les bras

RICHARD MORGIÈVE
La Demoiselle aux crottes de nez
Mon petit garçon

ROBERT NATHAN
Le Portrait de Jennie
Traduit de l'américain par Germaine Delamain

CLARISSE NICOÏDSKI
Le Désespoir tout blanc

JEAN-LUC PAYEN
Le Hamac rouge

MICHEL QUINT
Aimer à peine
Cake-Walk
Effroyables Jardins

ALINA REYES
La Nuit

ANNIE SAUMONT
Les Derniers Jours heureux

PIERRE VÉRY
L'Inconnue du terrain vague

SYLVIA TOWNSEND WARNER
Les Royaumes des elfes
Préface de Geneviève Brisac
Traduit de l'anglais par Florence Lévy-Paoloni

EDITH WHARTON
Le Triomphe de la nuit, vol. 1
Traduit de l'américain par Florence Lévy-Paoloni
Grain de grenade, vol. 2
Traduit de l'américain par Florence Lévy-Paoloni

P.G. WODEHOUSE
Webster le chat
Traduit de l'anglais par Monique et Hugues Lebailly

Si vous souhaitez être tenu(e) au courant de nos publications, écrivez-nous à l'adresse ci-dessous pour recevoir gratuitement notre catalogue et nos programmes :

Éditions Joëlle Losfeld
4, rue Caroline
75858 Paris cedex 17

Composition : *Entrelignes* (64)

Impression réalisée sur CAMERON par

BRODARD & TAUPIN

GROUPE CPI

La Flèche
en octobre 2002

Imprimé en France
N° d'impression : 14828
Dépôt légal : octobre 2002